Michael von Brück

Interkulturelles Ökologisches Manifest

VERLAG KARL ALBER A—

STIFTUNG
› KULTURELLE
ERNEUERUNG

Das Anliegen der Stiftung kulturelle Erneuerung ist, den historischen und sachbedingten Zusammenhang von Wissen, Kunst und Religion oder kurz: tragender Säulen menschlicher Kultur wieder deutlicher zu machen und dadurch dazu beizutragen, ihre Wirksamkeit und Zukunftsfähigkeit zu stärken. Das kann und soll auf unterschiedliche Weise – nicht zuletzt durch Publikationen wie dieser – geschehen.

Michael von Brück

Interkulturelles Ökologisches Manifest

Verlag Karl Alber Freiburg / München

Michael von Brück

Intercultural Ecological Manifest

It is obvious that we, our children and the coming generations will face enormous ecological challenges. But there is perplexity when it comes to finding sustainable ways out of the crisis.

Michael von Brück brings approaches from European and Asian traditions into conversation, from which we can grow into a new way of thinking, feeling and acting. The religions and cultures of Europe, India and China have an enormous spiritual treasury from which a transformation of our ways of life and a renewal of our self-image as human beings is possible. For it is not by threat but by insight that man is moved to transformation.

The Author:

Michael von Brück, Professor emeritus of Religious Studies, initiator and until 2014 head of the Interdepartmental Program in Religious Studies at the University of Munich. Member of numerous scientific committees worldwide. He is an ordained Protestant pastor, Honorary Professor of Religious Studies (with a focus on the aesthetics of religion) at the Catholic Private University of Linz, Rector of the Palliative Spiritual Academy in Weyarn near Munich and Head of Academic Development at the University for Life and Peace/Myanmar (under construction), which links ecological and spiritual concerns. He has lived in India for several years and has led inter-religious dialogue projects there. He received his training as a Yoga and Zen teacher in India and Japan. Guest professorships in the USA, India, Thailand, Japan, Latvia and Switzerland. Numerous books and essays on Buddhism, Hinduism and inter-religious dialogue.

Michael von Brück
Interkulturelles Ökologisches Manifest

Dass wir, unsere Kinder und die folgenden Generationen ökologisch vor ungeheuren Herausforderungen stehen, ist offensichtlich. Doch es herrscht Ratlosigkeit, wenn nachhaltige Auswege aus der Krise gefragt sind.

Michael von Brück bringt dafür Denkansätze aus den europäischen und asiatischen Traditionen in ein Gespräch, aus dem uns ein Umdenken, ein Umfühlen, ein neues Handeln zuwachsen kann. Europa, Indien und China verfügen über einen bedeutenden spirituellen Reichtum, von dem her eine Transformation unserer Lebensformen und eine Erneuerung unseres Selbstverständnisses als Menschen auf dieser Erde möglich ist. Denn nicht durch Drohung, sondern durch Einsicht wird der Mensch zur Transformation bewegt.

Der Autor:

Michael von Brück, Professor em. für Religionswissenschaft, Initiator und bis 2014 Leiter des Interfakultären Studiengangs Religionswissenschaft an der Universität München. Mitglied zahlreicher wissenschaftlicher Gremien weltweit. Er ist ordinierter evangelischer Pfarrer, Honorar-Professor für Religionswissenschaft (Schwerpunkt Religionsästhetik) an der Katholischen Privat-Universität Linz, Rektor der Palliativ-Spirituellen Akademie in Weyarn bei München sowie Head of Academic Development der University for Life and Peace/Myanmar (im Aufbau), die ökologische und spirituelle Belange verknüpft. Er hat mehrere Jahre in Indien gelebt und dort interreligiöse Dialog-Projekte geleitet. Seine Ausbildung zum Yoga- und Zen-Lehrer erhielt er in Indien und Japan. Gastprofessuren in den USA, Indien, Thailand, Japan, Lettland und in der Schweiz. Zahlreiche Bücher und Aufsätze zu Buddhismus, Hinduismus und dem interreligiösen Dialog.

2. Auflage 2021

© VERLAG KARL ALBER
in der Verlag Herder GmbH, Freiburg / München 2020
Alle Rechte vorbehalten
www.verlag-alber.de

Satz: SatzWeise, Bad Wünnenberg
Herstellung: CPI books GmbH, Leck

Printed in Germany

ISBN 978-3-495-49156-0

Zum erstenmal in der Geschichte hängt
das physische Überleben der Menschheit
von einer radikalen seelischen Veränderung
des Menschen ab.

Erich Fromm, zit. nach Evangelisches Gesangbuch.
Zum Lied 395

Inhalt

Geleitwort

Festzustellen, dass Kultur, ähnlich wie Natur, janusköpfig ist, soll heißen, dass sie zugleich aufbauend und zerstörend wirkt, ist mittlerweile trivial. Um sich vor den zerstörerischen Kräften der Natur zu schützen, hat der Mensch im Laufe seiner langen Evolution Vorkehrungen getroffen. Frühzeitig dämmerte ihm jedoch auch, dass Entsprechendes im Blick auf seine Kultur erforderlich ist. Mehr noch: Die Erkenntnis reifte, dass mit der Zurückdrängung »natürlicher« Gefahren die aus der Kultur erwachsenden ständig größer werden.

Mehr denn je steht der Mensch deshalb vor der Herausforderung, sich vor seinem eigenen Werk, vor allem was als Kultur angesehen werden kann, schützen zu müssen. Wie schützt der Mensch sich vor sich selbst? Michael von Brück ist dieser Frage nicht nur im europäischen, sondern auch im asiatischen Kulturkreis nachgegangen. Das Ergebnis seiner erhellenden Untersuchung liegt nun vor und die Stiftung kulturelle Erneuerung freut sich, es in Form dieses Buches einer größeren Öffentlichkeit zugänglich machen zu können. Sie will damit einen Beitrag zu einer immer dringlicheren Debatte leisten.

Meinhard Miegel
Vorsitzender des Kuratoriums der
Stiftung kulturelle Erneuerung

I   Das Problem

Eine gewisse Lust an der Apokalypse ist nicht neu. Bußprediger im Mittelalter bedienten sie ebenso wie die Propheten des Alten Israel. Letztere verkündeten zwar nicht sogleich den Untergang der Welt, aber die politische Auslöschung des Landes war angesagt als Strafgericht für die Sünden des Volkes. Immerhin sollte (so der »kleine Prophet« Zephanja und andere) ein »Rest« überleben, und das ist schon eine hoffnungsvollere Perspektive als der Blick auf das Schicksal der Städte Sodom und Gomorrha. Freilich geht es heute nicht primär um Religion und den Aufstand gegen Gottes Gebot, sondern um die mögliche Selbstauslöschung des Menschen, eine humane Katastrophe, auch das, aber mehr noch: die Zerstörung der Grundlagen des Lebens auf der Erde. Und dafür gibt es plausible Argumente, die auf glasklaren Analysen beruhen. Es ist nicht zu fassen, dass die Menschheit die Folgen ihres Handelns kennt, eine überwiegende Mehrheit die Folgen der Ignoranz auch anerkennt – und dennoch fast nichts geschieht.

Dennoch stirbt auch die Hoffnung nicht, der ersehnte Aufbruch zu einer Umwandlung unserer Lebensweise, damit auch zukünftige Generationen ein würdiges Leben auf diesem Planeten führen können. Ist das eine Illusion? Ist nicht der Mensch ein ignoranter Egoist, der, auf seinen kurzfristigen Vorteil bedacht, sehenden Auges ins Verderben rennt? Sind nicht schon immer Torheit, Bequemlichkeit und Gier die treibenden Kräfte gewesen, die jene notwendig erscheinende Transformation scheitern lassen? Darf man nicht getrost die Weltverbesserer und »Gutmenschen« angesichts ihrer Naivität belächeln? Ist nicht eine ungeschönte Analyse realistisch, und sind nicht die Folgen derartigen Handelns bzw. des Nicht-Handelns evident? Die Frage ist dann nur noch, ob es fünf vor zwölf oder doch eben eher schon fünf nach zwölf ist. Dann sei jede Aufregung ohnehin müßig.

Jeder Blick in die Geschichte hat eine Perspektive, und auch die Analyse des gegenwärtigen Zustands der Menschheit liefert keine eindeutigen Bilder und Ergebnisse. Die folgenden Überlegungen werden begründen, dass die dokumentierte Geschichte der Menschheit keineswegs ein nur negatives Bild zeigt. Hier gibt es kulturelle Erneuerungen, die oft von religiösen Impulsen angetrieben wurden, die jener menschlichen Ignoranz, Gier und Bequemlichkeit durchaus die Stirn zu bieten vermochten. Hier haben sich Hoffnungen und Phantasien zur Verbesserung des Lebens in kreative Transformationen verwandelt, die durchaus neue Gestaltungsmöglichkeiten boten, die zuvor undenkbar waren. Dazu bedurfte und bedarf es einer prinzipiellen Radikalität, das heißt eines Nachgrabens an den Wurzeln des Problems. Menschliche Potentiale sind (fast) unerschöpflich, und die Geschichte ist nie abgeschlossen gewesen, auch heute nicht. *Umwandlung unserer Lebensweise auf der Basis von Solidarität mit allen Lebewesen und mit dem Ziel nachhaltiger Entwicklungen ist möglich.* Eine Lehre aus der Geschichte besagt, dass nichts abgeschlossen oder vorprogrammiert ist, sondern kulturelle Erneuerung auch die Denk-, Gefühls- und Motivationswelten ganzer Gesellschaften verändern kann, wenn die entsprechenden Umstände gegeben sind, der Druck zu Entscheidungen stark genug ist und die Chancen zum Wandel von voraus denkenden, oft visionär geprägten Menschen aufgegriffen und so in die Tat umgesetzt werden, dass sie die Massen bewegen. Kreative Potentiale, evolutionärer Druck und die Einsicht in ganz neue Möglichkeiten können aufeinander einwirken und Menschen zu Höchstleistungen bewegen, die als Verwirklichungen von Chancen, zur Gestaltung mit Freude zum Risiko, aber auch dem Wagnis des Scheiterns erlebt werden. Erst im Rückblick kann man wissen, ob die Erneuerung gelungen ist.

Religiöse Impulse haben die Geschichte verändert, nicht selten im Sinne von Kampf, Abgrenzung und Entwürdigung von Menschen, und nicht nur die Kirchengeschichte, sondern die Religionsgeschichte insgesamt ist auch ein »Mischmasch von Irrtum und von Gewalt« (Goethe). Aber nicht nur das. Denn oft haben religiöse Impulse Gesellschaften auch im Sinne der Humanität und Stärkung der Würde des Einzelnen wie unterdrückter Gruppen verändert. Dabei kann das religiöse Paradigma durchaus auch in säkularer Gestalt erscheinen. Wenn wir also von religiöser Erneuerung im Sinne spiritueller Transformation reden, ist dies keineswegs eine Beschränkung auf religiöse Institutionen im engeren Sinn, sondern eine Aktivierung von humanen Potentialen, die im Vertrauen auf eine gute Ordnung in der Wirklichkeit gründet. Die religiöse Erneuerung ist damit eine grundlegende Dimension von kultureller Erneuerung.

Die Analyse des Begriffs der »kulturellen Erneuerung« ist komplex, und das vor allem aus zwei Gründen. Erstens bedeutet Transformation unserer Lebensweise und/oder kulturelle Erneuerung nicht unter allen Umständen dasselbe: Wo Menschen unter Hunger leiden und Ungerechtigkeit wütet, wo das Militär oder marodierende Clans die Bevölkerung terrorisieren und das ohnehin unsicherer Leben noch unsicherer ist, hat die Sehnsucht der Menschen andere Inhalte als in reichen Industrieländern, die im Konsum ersticken und unter Stress und Hektik und einem Mangel an sinnerfülltem Leben leiden – wobei allerdings beide Situationen durchaus miteinander zusammenhängen und das ökologische Desaster in beiden Situationen das Leiden vermehrt; soziale Gerechtigkeit und ökologische Nachhaltigkeit hängen miteinander zusammen und sind nicht getrennt zu haben. Zweitens haben sich in modernen Gesellschaften Subsysteme des kulturellen bzw. ökonomischen Handelns (Realwirtschaft, Finanzwirtschaft, Bürokratien, Dienstleistungen, Politik, Recht, Kunst und Medien, Bildung usw.) ausdifferenziert, die einerseits je nach eigenen Dynamiken ablaufen, andererseits einander wechselseitig beeinflussen. Das betrifft raum- und zeitliche Koordinierungen sowie Kausalverhältnisse in diesen Strukturen ebenso wie soziale Hierarchien und Motivationen.

Die Grundsatzfrage der folgenden Überlegungen lautet: Kann Religion zu einer Kraft für die Transformation unseres Lebensstils werden, der auf dem Prinzip ökologischer Nachhaltigkeit beruhen würde? Eine begründete Antwort bedarf sowohl empirischer Analysen als auch der Debatte über normative Horizonte, die wiederum der rational verantworteten Begründungspflicht unterliegt.

1. Was bedeutet kulturelle Erneuerung? Kultur ist die Umgestaltung der Lebensbedingungen des Menschen. Dies betrifft die technischen, organisatorisch-sozialen und psychologisch-motivationalen Dimensionen des Menschseins. Alle drei Ebenen wandeln sich durch die Dynamik von Kommunikation, also Sprache, Schrift, Repräsentationen durch Kunst und moderne Medien. Soziale und politische Institutionen, ökonomische Muster der Produktion, Distribution und Konsumption sind miteinander verknüpft. Alle Bereiche sind produktive Schubkräfte bei möglichen Veränderungen. In der uns bekannten Geschichte waren es die Religionen, die durch Erzählungen, normative Begründungen und Rituale sowie kommunikative Symbolisierungen von Wirklichkeit das Sein und das Sollen des Menschen miteinander verknüpft und legitimiert haben, d. h. die Motivationsgeber lagen (und liegen) wesentlich in der religiösen Grundannahme, dass die Welt Kosmos und nicht Chaos ist. Ob theistisch oder nichttheistisch, ob monotheistisch oder polytheistisch konfiguriert, Religionen verbinden »Himmel und Erde«, kosmische Gesetze und Menschengesetze, Kollektiv und Indi-

viduum in einer Weise, dass Einzelschicksale Sinn dadurch erhalten, dass sie systemisch in ein größeres Ganzes eingebunden werden. Auch das (noch) Unbekannte oder Fremde wird in diesen Kosmos einbezogen, so bezeichnet z. B. im Griechischen *xenos* den Fremden und den Gast zugleich, und der Fremde kann sich als Gott erweisen. Solche Erzählungen gibt es in ganz unterschiedlichen religiösen Überlieferungen. Die Religionen können und müssen Teil der Lösung werden, sonst sind und bleiben sie Teil der Probleme, die durch Machtstreben und unklare kognitive wie emotionale Bedürftigkeit ausgelöst werden.

2. Die Menschheitsgeschichte ist in eine neue Phase der Globalisierung eingetreten, die auf Grund der wissenschaftlich-technischen Revolutionen ökonomisch und politisch unumkehrbar ist. Die Kulturen sind dieser Dynamik ausgesetzt. Sie reagieren sowohl mit kreativen Anpassungen als auch mit identitätsrhetorischer Verweigerung, die sich zunehmend in Gewalt artikuliert. Durch die global vernetzten Medien ist diese Gewaltdynamik im Bewusstsein der Menschen gegenwärtig, was Ängste auslöst, die wiederum Gewaltpotentiale verstärken. Die Migration nach Europa wird weiter zunehmen, sie wird interkulturelle Verwerfungen und Konflikte schüren, wenn nicht ausgleichend gegengesteuert wird. Gegenmittel kann die Förderung wechselseitigen Verstehens sein. Dies geschieht individuell durch Verstehen des Fremden (kognitive Arbeit, die Bezüge herstellt) und durch Gewöhnung, durch die der psychologisch normale Stress der Unsicherheit gegenüber dem Fremden abgebaut wird. Dafür müssen der Staat, Verbände, Kirchen, Gewerkschaften, Vereine und andere Körperschaften institutionelle Rahmenbedingungen für Integrationsprozesse schaffen, vor allem für die Möglichkeiten wechselseitiger Begegnung auf Augenhöhe. Außerdem muss die Kenntnis vermittelt werden, dass es bereits weltweit zahlreiche Aktivitäten zur inter-

kulturellen bzw. interreligiösen Kooperation gibt, die durchaus erfolgreich sind.[1] Indem diese positive Seite der Entwicklung gezielt ins öffentliche Bewusstsein gerückt wird, können Ängste genommen und Initiativen zur ganzheitlich-spirituellen Entwicklung interreligiös initiiert und gefördert werden. Dies hat eine individuelle Dimension der Geistesentwicklung des Einzelnen (Spiritualität) und eine kollektive Dimension der gesellschaftlichen Veränderungen durch neue Nachbarschaft und Friedensstiftung zwischen den Religionen (Konnektivität) zur Folge. Beide Aspekte gleichzeitig zu fördern dient der nachhaltigen Entwicklung der Menschheit für eine konstruktive Zukunftsgestaltung.

3. Vor allem aber geht es um ein systemisches Verstehen der Kontraste zwischen kultureller Umgestaltung der Welt durch die Menschheit und ökosphärischer Balance. Ökonomie und Ökologie wurden nicht nur theoretisch mit widersprüchlichen Interessen und Interessengruppen als Träger derselben assoziiert, sondern das gegenwärtige Weltwirtschaftssystem und die Nationalökonomie der meisten Staaten beruhen auf einem ungebremsten quantitativen ökonomischen Wachstum, das mit den Parametern des Bruttosozialprodukts gemessen wird. In einem endlichen System Erde kann es aber kein unendliches quantitatives Wachstum geben. Dieser Widerspruch zerstört Leben. Es muss vor allem analysiert werden, ob die Anreizsysteme zu gesellschaftlichem Handeln auch in Bezug auf die Wirtschaft brauchbar und rational gerechtfertigt sind, wenn sie in größeren systemischen Zusammen-

---

[1] Ein herausragendes Beispiel ist die »Earth Charter« der Earth Charter International Initiative (United Nations University for Peace, San Jose, Costa Rica), der mehr als 4500 Organisationen weltweit angehören. Auch hier wird ein »change of mind and heart« (Schlussabschnitt: The Way Forward) gefordert, wobei aber vor allem Imperative aufgestellt werden. Jetzt geht es um konkrete Schritte, die applikabel sind.

hängen gedacht und evaluiert werden. Gegenwärtig sind ökonomische Akteure dazu gezwungen, den Eigennutz angesichts der Konkurrenz mit anderen Akteuren zu maximieren, um nicht vom Markt verdrängt zu werden. Selbst wenn ein ökologisch-systemischer Lernprozess stattfindet, vermeiden die meisten Akteure aus dem genannten Grund die Konsequenzen. Das fällt umso leichter, als die Folgen ökologischer Zerstörung oft nicht sofort auftreten und damit zunächst unsichtbar bleiben. Außerdem scheint der Nutzen des Beitrags des Einzelnen – im positiven oder negativen Sinne – so gering zu sein, dass Gewissensentscheidungen bagatellisiert werden können, weil das Gewicht des Einzelnen scheinbar vernachlässigt werden kann. Dass dem nicht so ist, muss rational immer neu begründet werden durch Aufklärung und das Aufzeigen von Möglichkeiten zur kreativen Transformation unserer ökonomisch-gesellschaftlichen Systeme wie auch der Lebensgestaltung des Einzelnen.

Denn dies ist ja der eklatante Widerspruch in (fast) allen gegenwärtigen Gesellschaften: Die Bevölkerung fordert – neuerdings durchaus lautstark – Klimaschutz, lehnt aber entsprechende Folgen für das Handeln ab. Die Folge davon ist, dass Regierungen verbal den Klimaschutz thematisieren, aber dennoch nichts oder wenig tun, obwohl ein großer Teil der Bevölkerung durchaus weiß, dass ein Systemwandel in den Bereichen Verkehr, Energie, Landwirtschaft (einschließlich der maritimen Wirtschaft), Städteplanung und Abfall/Recycling unausweichlich ist. Woher rührt dieser Widerspruch, und lässt er sich auflösen?

Eine These der folgenden Überlegungen lautet, dass der Widerspruch mehr ist als eine »kognitive Dissonanz«, denn er wurzelt maßgeblich darin, dass die ökologisch/ökosophische Wende als Verzicht, Verlust von Lebensvielfalt und individuellen Entfaltungsmöglichkeiten gedacht wird, dass also der Handlungsdruck durch eine Rhetorik der Angst erzeugt wird. Das ist nicht nur psychologisch entmutigend, sondern auch ökonomisch und politisch unsinnig: Der Systemwandel in den genannten Bereichen kann vielmehr einen Schub von Kreativität freisetzen, einen wirtschaftlichen Aufbruch fördern, einen Gewinn an Lebensqualität bedeuten und als Herausforderung zum Abenteuer, zur Verwirklichung von Idealen und Innovationen erlebt werden. Es ist eine Menschheitsaufgabe, die Lust und Freude machen kann! Die systemischen und gesellschaftlichen Rahmenbedingungen müssen allerdings durch Politik und Recht geändert und neu ausgehandelt werden. Dass dies dem Willen der Akteure unterliegt und politisch prinzipiell möglich ist, wird der nachfolgende Blick in die Geschichte lehren.

4. Während der dokumentierten Geschichte der Menschheit ist es wiederholt nicht nur zu politischen Rivalitäten und Interessenkonflikten gekommen, die blutig ausgetragen wurden, sondern auch zu ökologischen Katastrophen vor allem in der Bewirtschaftung der Wasserressourcen, die teils mit Umbrüchen in der Natur, teils durch menschliches Handeln (Abholzung) verursacht wurden. Kulturen haben darauf reagiert und Lösungsmodelle entwickelt, die für uns interessant sein können. Entscheidend dafür könnten neue »Großerzählungen« (Mythen bzw. Utopien, *grand recit*) sein, die Gesellschaften über längere Zeiträume hinweg sowohl Kohärenz als auch Identität gegeben haben und geben. Genau hier setzt die gesellschaftspolitische Relevanz von Religion an, ob man diese nun explizit als Religion bezeichnet oder nicht. In der Vergangenheit hatten auch universale Theorien oder Mythen nur lokale Relevanz, doch die heutige Situation ist qualitativ anders, weil die gesamte Erde auch von lokalen Ereignissen betroffen ist. Entsprechend müssen die Erzählungen auf Grund rational nachvollziehbarer Einsichten und interkultureller Kommunikationsmöglichkeiten neu jus-

tiert werden, um den Schub, der aus Religionsdynamiken entstehen kann, in die nachhaltige Entwicklung der Gesellschaften zu lenken.

5. Aus den Erkenntnissen 1 bis 4 folgt, dass gesellschaftliche Institutionen, also Staat, Recht und Kultur/Religion, ordnungspolitisch in das weltgestaltende Handeln einzelner Interessengruppen (Wirtschaft, Parteien, Medien usw.) eingreifen müssen, indem sie verbindliche Rahmenbedingungen setzen und deren Einhaltung überprüfen. Dies kann durch Regeln, Steuern, Preise, Verdienstanreize usw. geschehen. Es können und müssen kurzfristige und langfristige Steuerungen unterschieden werden: *Kurzfristig* kann durch eine drastische Verteuerung fossiler Energieträger der gebotene Druck erzeugt werden, um die Klimaerwärmung und Artenreduktion zu dämpfen, wobei vor allem für die ärmeren Bevölkerungsschichten ein staatlich gesteuerter Ausgleich z. B. bei den Mietpreisen und öffentlichem Verkehr möglich wäre. *Langfristig* aber geht es um einen Kulturwandel, der nur multidimensional zu verstehen ist. Da alle genannten Akteure global handeln, müssen diese ordnungspolitischen Institutionen global wirken, d. h. eine Weltpolitik betreiben, die Rahmenbedingungen so setzt, dass die wechselseitige Abhängigkeit der Subsysteme in Rechnung gestellt wird. Es bedarf mithin einer international organisierten Industrie-, Finanz-, Energie- und Klimapolitik, die alles Handeln in den Dimensionen des *ökonomisch* Sinnvollen, des *ökologisch* Nachhaltigen und des *sozial* Verträglichen gestaltet.

Die Lebensbedingungen der heutigen Menschheit erfordern eine Anpassungsleistung des Homo sapiens, die in der bisherigen Evolution kein Vorbild hat, weil sie einerseits bewusst gestaltet und andererseits unter hohem Zeitdruck vollzogen werden muss. Die historische Erfahrung der Kultur- und Religionsgeschichte der letzten zwei bis drei Jahrtausende zeigt, dass die (Um)formulierung der ethischen Maximen nicht genügt, weil sie kaum Wirkung zeigen würde, denn:

»Unsere Notwendigkeit zu entscheiden, reicht weiter, als unsere Fähigkeit zu erkennen.«

Dieser Satz scheint das Bewusstsein der Postmoderne eindrucksvoll zu reflektieren und das Ethik-Dilemma auf den Punkt zu bringen. Er wird aber schon Immanuel Kant zugeschrieben.[2] Was sollen wir tun? Diese Frage betrifft nicht nur die Umwelt- und Bioethik, sie ist ein Menetekel in der Wirtschaft, der Politik, der Bildung, und natürlich auch der persönlichen Entscheidungen angesichts der Dominanz von Gewalt in den Medien, der neu justierten Geschlechterrollen, der unabsehbaren Folgen von Entwicklung Künstlicher Intelligenz, der Bedrohung durch den Klimawandel wie auch durch moderne Waffensysteme. Einer Neubewertung der Rolle der Medien kommt dabei eine zentrale Bedeutung zu, und dies wird ohne gesellschaftlich kontrollierte Kontrolle der Medien nicht möglich sein. Die Frage, was wir tun sollen, scheint schwer beantwortbar aus zwei Gründen, die mit der Unabgeschlossenheit des Erkennens zu tun haben: Je mehr wir wissen, desto kürzer wird die Verfallszeit gesicherten Wissens. Wissenschaft als »moderne Religion« hat uns zutiefst verunsichert, denn das Wesen der Wissenschaft ist gerade nicht, ein für alle Mal gültige Wahrheiten zu produzieren, sondern jeweiliges Wissen zu falsifizieren: Was gestern galt, ist heute schon überholt. Was ist Zeit, was ist Materie, was ist Geist, was ist Leben, was ist gut?

Wegen der offensichtlichen Komplexität der Herausforderungen ist auch der Begriff des »Ökologischen« eine Reduktion, die durch die Metapher des »Ökosophischen« ergänzt

---

[2] Fundort, Deutung und Geschichte des Zitats haben in der deutschen Politik selbst eine lange Geschichte, vgl. dazu das Interview mit Bundeskanzler a. D. Helmut Schmidt in der FAZ vom November 2015.

werden sollte. Denn Logik sucht berechenbare Zusammenhänge und tendiert zur Suche nach Eindeutigkeit und eindimensionaler Kausalität. Eindimensionalität will ein »Entweder – oder« erzwingen; Lebensprozesse entfalten sich aber vorwiegend im »sowohl – als auch«. Systemisch gesehen bestehen die Ursache-Wirkungsketten, aus denen sich die Realität generiert und regeneriert, in Wechselverhältnissen, die monokausales Denken als unzureichend demaskieren. So ist etwa unbestreitbar, dass im individuellen Bereich Kognition, Emotion und die Prägungen des kulturellen Gedächtnisses aufs engste zusammenhängen, im kollektiven Bereich sind die Dimensionen nachhaltigen Handelns einerseits und der Partizipations- und Verteilungsgerechtigkeit materieller und nicht-materieller Güter andererseits wechselseitig voneinander abhängig. Die Wechselseitigkeit manifestiert sich in individuellen Motivationen menschlichen Handelns ebenso wie in den demographischen Entwicklungen. Die »*sophia*« als Hüterin des »*oikos*«, die Weisheit also als Garant kluger Führung des individuellen wie kollektiven Lebenshaushalts, und das ist im weitesten Sinn mit »Governance« gemeint, ist mehr als eine erbauliche Trösterin, sie könnte sich als notwendige Grundbedingung für die Lebens- und Entwicklungsfähigkeit von Gesellschaften im globalen interkulturellen wie technologischen Wandel erweisen. Was aber ist Weisheit? *Weisheit ist Maß in der Praxis durch Wissen.* Die entscheidende Frage ist, wie das Maß gefunden und als Richtschnur für das Handeln eingesetzt werden kann.

Wir wissen durch Psychologie, Soziologie, Kognitionswissenschaften und Neurobiologie mehr über die Bedingungen des Erkennens: Was als rationaler Entschluss erscheint, ist demnach auch aus anderen Quellen gespeist, d. h. Motivationen sind uns oft selbst verborgen – wie allerdings nicht erst Freud, sondern bereits Paulus offenlegte –, und der freie Wille ist möglicherweise neurobiologisch von Mechanismen gesteuert, die (noch) wenig bekannt sind. Hinzu kommen verdeckte Macht- und Gewinninteressen, die uns mehr oder weniger bewusst sind, die wir uns selbst und anderen aber geflissentlich verschweigen. Erkenntnis und Interesse, so formulierte Jürgen Habermas bereits 1968, hängen untrennbar zusammen. Wenn nun – übrigens nicht erst seit der Aufklärung, sondern spätestens seit der konfessionellen Pluralisierung Europas im 16. Jahrhundert – die einst durch Gott eindeutig verbürgten Normen ins Wanken geraten, weil nicht zuletzt als Folge der Globalisierung viele Ansprüche geltend gemacht werden, deren Widersprüchlichkeit nicht dadurch aufgelöst werden kann, dass das Eigene als wahr, das Andere als falsch deklariert und juristisch und militärisch unterdrückt wird, wenn also Duldungs-Toleranz als die überlebensnotwendige Grundhaltung in modernen Gesellschaften erscheint, pluralisiert sich auch die Basis für einen Wertekonsens. Die Folge davon war die Trennung von Ethik und Religion in säkularen Begründungsmodellen von Ethik. Wenn aber nun die Rationalität ihre Grenzen erkennt, werden normative Begründungen heikel: Was soll grundsätzlich gelten und wie kommt ein Ethik-Konsens zustande, wenn es kein allgemeinverbindliches gesichertes Wissen gibt? Das demokratische Prinzip versagt, denn (zufällig) zustande kommende Mehrheiten sind kein Begründungskriterium. Angst vor dem Neuen, d. h. das Festhalten am Status quo, ist ebenfalls keine Lösung, weil sich das Wissen und die Handlungsmöglichkeiten des Menschen erweitern. Kompromiss-Gesetze, die neue Möglichkeiten (wie z. B. die Stammzellenforschung) an strenge, von Experten überprüfte Auflagen binden, könnten nur dann wirksam sein, wenn ein ethischer Grundkonsens über ihre Grundvoraussetzungen bestünde, denn allein das Strafrecht hält den forschenden Menschen mit Sicherheit nicht davon ab, aus Neugier, Karrierebewusstsein und Profitstreben das (noch) Verbotene zu tun. *Wenn nicht das juristisch Verbotene auch als moralisch verwerflich gilt, hat das ethische Argument im Zeitalter des Bewusstseins von der*

26

*Relativität des Wissens und des kulturellen Handelns unter
dem internationalen Konkurrenzdruck kaum Chancen.*

Es stellt sich die Frage, ob die so diagnostizierte kulturelle
Relativität allein ein Resultat der europäisch-amerikanischen
Mentalitäts- und Sozialgeschichte ist oder ob in anderen Kulturen das Dilemma ebenfalls besteht und gegebenenfalls auch
als solches erkannt wird. Der Buddhismus hat sich, ähnlich
wie das Christentum, als religiöser, ethischer, sozialer, ästhe-
tischer Impuls in ganz unterschiedlichen Kulturen behei-
matet, die sehr anderen Wertemustern und Kulturstandards
folgten als seine nordindische Heimatkultur. Die Ethiken der
Buddhisten in China, Japan und Tibet folgen dann auch anderen Codes als die Ethik der Buddhisten in Indien oder Sri
Lanka. Heute verschmilzt vieles, erstens weil die Kommunikation zwischen den Kulturen Unterschiede relativiert, zweitens, weil durch die Wissenschaft vom Buddhismus die
indischen Ursprünge auch in China und Japan bekannt werden, drittens weil moderne Probleme, die durch die weltweit
vernetzte Wissenschaft und Wirtschaft hervorgerufen werden, ähnliche Lösungen erzwingen. Oder täuscht die letzte
Annahme? Verlaufen die Ethik-Diskurse in religiös anders
geprägten Ländern anders? Gibt es in islamisch oder buddhis-
tisch geprägten Ländern eine umwelt- und bioethische Debatte, die spezifische Gesichtspunkte bei der individuellen
wie politischen Beurteilung der ethischen Streitfragen ins
Spiel bringen? Und könnten solche Erwägungen für unsere
eigene Entscheidungsfindung in westlichen Kulturen hilfreich sein?

Klima- und Energiefragen, den Debatten um Künstliche
Intelligenz und Kommunikationssysteme (Big Data) sowie
bioethischen Problemen ist gemeinsam, dass sie den Denk-
rahmen traditioneller ethischer Systeme sprengen, weil die
Grenzen des Gegebenen (der Mensch, wie er geschaffen ist)
und der Zeit (Anfang und Ende des Lebens) überschritten
werden. Arten und Individuen unterlagen zu allen Zeiten

der Veränderung, aber dass der Mensch bewusst und intentional gesteuert in den evolutiven Selektionsprozess der Evolution des Menschen eingreifen kann, ist neu. Die Frage, wer der Mensch sei, kann nicht mehr nur ontologisch oder phänomenologisch beantwortet werden, denn der Prozesscharakter seiner Existenz als Handlungssubjekt zeichnet sich in drastischem Ausmaß ab. Wodurch gesteuert handeln wir? Wie weit sind wir determiniert, konditioniert und/oder frei? Die Grenzen des Menschen als Subjekt und Objekt sind erkenntnistheoretisch schon immer offen gewesen – das Subjekt selbst kann sich im Selbstbewusstsein zum Objekt machen und dies wieder subjektiv objektivieren usw. Aber dass der Mensch nicht nur in Bezug auf sein Bewusstsein, sondern als biologisches Wesen zum genetisch manipulierbaren Objekt wird, ist neu. Wenn es Grenzen des Denkbaren gäbe, könnte sie nur das Denken selbst bestimmen. Aber was ist ein Denken, das sich selbst denkt und dabei Bewusstsein verändert?

Bewusstsein ist ein Prozess sich ständig neu erzeugender Wahrnehmungsmuster, der spontan, vernetzend und kreativ abläuft, gleichzeitig aber Strukturen erzeugt, die Halt und Stabilität geben und den weiteren Prozess selbst gestalten. Die »Plastizität des Gehirns« besonders in den frühen Entwicklungsjahren des Kindes besagt, dass das Bewusstsein im Gehirn die Formen und Vernetzungen selbst anlegt, nach denen es später arbeitet, wobei die Festlegungen in den ersten Lebensjahren (etwa auf die Denkformen in der »Muttersprache«) unwiederholbar prägend sind. Das Bewusstsein erzeugt sich dabei nach ihm inhärenten Mustern stets neu, ist lernfähig und in Veränderung begriffen. Es ist damit einerseits die ständige Vergegenwärtigung seiner eigenen Geschichte, und zwar sowohl der Geschichte der Gattung als auch der Individualgeschichte, und andererseits entstehen durch neue Eindrücke neue Verknüpfungen und Strukturen, d. h. das Bewusstsein arbeitet kreativ. In diesem doppelten

Prozess der aktiven Vergegenwärtigung bestimmt sich das Bewusstsein selbst, es prägt sich und bildet sich, formt Bilder und Begriffe, in denen es sich selbst spiegelt und erkennt, und zwar in den zwei Formen sprachlicher und bildhafter Gestaltmuster. Sprache entfaltet sich sequentiell, in der Zeit, sie ist analytisch. Gestaltwahrnehmende Bilder ermöglichen eher einen synthetischen Gesamteindruck, der erst sekundär in Einzelempfindungen und aufeinanderfolgende Wahrnehmungen zerlegt wird.

Was folgt daraus für das Handeln?[3]

---

[3] Die folgende Argumentation orientiert sich mit der Begrifflichkeit ihrer Gliederung an der Rationalität des medizinischen Modells, wie es der Buddha vorgefunden und aufgenommen hat, um empirisch überprüfbar seine Kultur- und Bewusstseinskritik argumentativ zu formulieren und in die menschliche Fortentwicklung heilend einzugreifen: Diagnose, Möglichkeit zur Therapie, Rahmen der Therapie und therapeutische Maßnahmen.

II   Eine Diagnose

Der Widerspruch zwischen der Begrenztheit der Erde und ihrer Ressourcen einerseits und dem Zwang zu unbegrenztem quantitativem Wachstum andererseits, der dem gegenwärtigen Weltwirtschaftssystem inhärent ist, muss zwangsläufig zum Kollaps des Systems führen, denn:

1. Der Widerspruch verschärft sich durch das exponentielle Wachstum hinsichtlich einiger Parameter. Der steigende Bedarf an Ressourcen durch die demographische Entwicklung und die prekäre Situation der unumkehrbaren ökologischen Verhältnisse machen die menschliche physische und kulturelle Zukunft unkalkulierbar. Die demographische Entwicklung hat viele Ursachen, ist aber nicht (allein) zurückzuführen auf den Kinderwunsch, der von vielen Religionen positiv konnotiert ist (»seid fruchtbar und mehret euch«). Die Erfahrung zeigt, dass in vielen Ländern Afrikas, Asiens und Lateinamerikas bei ausreichenden sozialen Sicherungssystemen die Geburtenrate sinkt, weil das Alter ökonomisch und sozial nicht durch eine große Kinderzahl abgesichert werden muss. Daraus folgt, dass unbeschadet des grundsätzlichen Wunsches nach Kindern Paare rational entscheiden, ob sie Kinder haben wollen oder nicht. Die indische Empfehlung zur Zwei-Kind-Politik ist z. B. in den Mittelschichten ohne Zwang durchgesetzt worden; die Zwangssterilisierungen in den 1970er Jahren unter Sanjay Gandhi haben dagegen politische Unruhen erzeugt und waren letztlich demographisch erfolglos. Die stabile ökonomische Entwicklung hat demnach zur Verringerung der Geburtenrate wesentlich nach-

haltiger beigetragen als wie immer gearteter Zwang. Weil aber aus kultischen und ökonomischen Gründen der Wunsch nach einem männlichen Nachkommen besteht, hat dies vermehrte Abtreibungen weiblicher Föten und auch Infantizide von neugeborenen Mädchen zur Folge gehabt. Heute allerdings spielt die PID eine größere Rolle, jedenfalls in den Schichten, die es sich leisten können. In China ist die Situation insofern anders, als die Ein-Kind-Politik in wesentlich höherem Maß das Geschlechterverhältnis aus der Balance gebracht hat, außerdem wurde dies mit Zwangsmaßnahmen verbunden. Kurz: In Indien hat die staatliche Steuerung der demographischen Strukturen durchaus Wirkung gezeigt und dabei auch Ressourcen der Religionen genutzt, insofern anerkannte Gurus und Religionsführer dieser Politik Unterstützung zuteilwerden ließen.

2. Es sind Anpassungsleistungen der Systeme zu erbringen. Die Evolution lehrt, dass das Aussterben des Unangepassten durch Druck auf Populationen geschieht. Anpassung ist wesentlich eine Frage der Zeit. Viele Arten sind überfordert, wenn die Umwelt sich sehr schnell verändert, sei es durch Klimaveränderungen, Katastrophen und Populationsverschiebungen. Der Motor heutiger Veränderungen ist die Technik. Sie hat Auswirkungen nicht nur auf menschliche Gesellschaften, sondern auf das gesamte Ökosystem. Technik wird in den meisten Kulturen als wertneutral empfunden: es kommt darauf an, was man damit macht. Religionen haben ihre Wertvorstellungen in Zeiten entwickelt, als die Technik im Vergleich zur heutigen Situation eine geringe Rolle gespielt hat. Gleichwohl gibt es z. B. bereits im Daoismus technik-kritische Stimmen, die argumentieren, dass durch Technik das menschliche Leben entfremdet werden kann. Heute kann Technik-Gläubigkeit zur Verdrängung des notwendigen soziokulturellen Bewusstseinswandels werden – die Verände-

rung des menschlichen Verhaltens, von der die Zukunft abhängt, wird dann aufgeschoben oder vermieden. Religionen haben aber bisher noch keine adäquaten Technikphilosophien entwickelt, d. h. normative Strukturen diskutiert, nach denen Gebrauch und Missbrauch von Technik unterschieden werden könnte. Das ist allenfalls in der Militär- und Medizintechnik der Fall, nicht aber bei der Kommunikations- und Verkehrstechnik und auch nicht hinsichtlich der technisierten Landwirtschaft. Offene und transparente Debatten sind aber die Voraussetzung für Akzeptanz. Das, was Religionen im klassischen individualethischen Bereich (Sexualethik, Recht und Ethik, Arbeitsethik usw.) geleistet haben, bedarf der Erweiterung, die Religionen haben hier Möglichkeiten, sich zu profilieren und ethisch zu argumentieren auf Grundlage ihrer unterschiedlichen Bestimmungen des Humanum. So wird etwa die konfuzianisch geprägte Kultur soziale Hierarchien und den damit verbundenen Gehorsam sowie Belange des Kollektivs in den Mittelpunkt rücken, die vom Christentum geprägten Kulturen hingegen die Freiheitsrechte des Einzelnen, und pragmatisch wird man immer wieder um einen Ausgleich beider Aspekte ringen müssen. Produktiver Streit ist sinnvoll und interreligiös geboten, d. h. es bedarf der Entwicklung einer rational basierten *Streitkultur*.

3. Während die Religionen bisher meist gegeneinander ihre normativen Ansprüche verteidigt haben, geht es heute um die Erhaltung unserer gemeinsamen Lebensgrundlagen auf der Erde. Diese Einsicht kann nur durch gemeinsames Handeln erwachsen, das sich aus einem religiösen Wertekonsens speist. Die Verantwortung für den gemeinsamen Lebensraum ist unteilbar. Das führt zu einer neuen Perspektive und damit zu einer neuen Wahrnehmung von der Aufgabe des Menschen. Tiefenökologie, spirituelle Praxis und ganzheitliche Anthropologie bekommen dabei

ein neues Gewicht für die Kernfrage: *Was ist notwendig, um würdig zu leben?*

Es wird eine unabdingbare Aufgabe der Menschheit werden, bei Niedergang des ressourcenabhängigen materiellen Wohlstands ein Äquivalent durch immateriellen Wohlstand bzw. spirituellen Reichtum zu schaffen. *Wertschöpfung* bedarf der Ergänzung durch *Schöpfungswert.* Ein Prozess, der mit integralem Bewusstsein gestaltet werden will. Das bedeutet, dass der ökonomistische Egoismus überwunden wird durch kooperative Lebensformen des Aufeinander-Bezogenseins.

4. Im Folgenden wird wiederholt für die Ablösung des quantitativen Wachstums durch *qualitatives Wachstum* plädiert. Unter qualitativem Wachstum wird objektiv eine Recyclingwirtschaft verstanden, die den *minimalen Ressourcenverbrauch* als Kriterium des Erfolgs bestimmt, subjektiv geht es um den *Gewinn von Erlebnisqualität* des Menschen durch Intensivierung sinnlicher Aufmerksamkeit in jeder Hinsicht, was wiederum spezifische Bewusstseinsbildung von Kognition und Emotion (Achtsamkeit) voraussetzt. Die Entwicklung transformierter Lebensformen, die eine kulturelle Erneuerung des Denkens und der Emotionsgestaltung voraussetzen, ist nicht als Bürde und Last zu inszenieren, sondern als *schöpferische Freude und Gestaltungskraft*, die menschliche Motivationen überhaupt erst erzeugt. Mut zum Wagnis der gemeinsamen Umgestaltung auf der Grundlage des rational Einsichtigen ist die Art und Weise, wie sich Menschsein individuell wie kollektiv bewusst gestaltet.

III Begründung der
   Möglichkeit zur Therapie

1. Der Mensch konzipiert Handlungsstrategien auf Grund
impliziter oder expliziter Kosten-Nutzen-Rechnungen,
d.h., er kann in seiner Phantasie Handlungsoptionen
durchspielen, die sowohl aus Elementen rationaler Erwägungen als auch aus nicht-rationalen Erwartungen gestaltet werden. Umsetzung von Optionen, d.h. Anpassungen
des Handelns an sich ändernde Gegebenheiten, setzen allerdings den Willen zur Anpassung voraus, der nur dann
stark genug ist, die inhärente Trägheit zu überwinden,
wenn die Analyse dem Einzelnen plausibel erscheint und
die Dringlichkeit des Problems in der Gesellschaft kom-
munizierbar ist. Der Wille des Einzelnen wie die Willens-
bildung in Gruppen werden in der Geschichte immer
durch mediale Inszenierungen geformt, durch Erzählungen, Mythen, Rituale, Ideologien. Ob diese Geschichten
»wahr« sind, ist sekundär, wirksam sind sie in Gesellschaften, wenn sie geglaubt werden bzw. wenn Menschen sie
glauben wollen. So kommt es zu den »Großerzählungen«
von Progression versus Dekadenz bzw. Fortschritt oder
Verfall in der Geschichte, von Utopien und Hoffnungs-
bzw. Katastrophenszenarien, die politisches Gruppenver-
halten motivieren. Religionen sind historisch alles andere
als Privatsache, denn sie greifen in diese Dynamiken aktiv
ein, ja, sie sind einer der wesentlichen Akteure in diesem
Szenario bis heute, wenngleich sich die institutionellen
Stützen dieser Religionsdynamiken ganz unterschiedlich
darstellen und durchaus auch in einem »säkularen« Ge-
wand erscheinen können. Es ist also die Frage, wie und
mit welchen Mitteln Religion(en) therapeutische Poten-

tiale im hier angestrebten Sinn entwickeln und aktivieren können.

2. Handlungsstrategien, die Gesellschaften als Ganze motivieren, sind in der Vergangenheit durch Mythen, große Erzählungen (*grand récit*) und Gesellschaftsutopien plausibilisiert und transportiert worden. Sie stellen Strategien für Maßstäbe (Werte) bereit, die handlungsleitend für Gruppen sein können. Um Klarheit über den Zustand der Gegenwart zu erhalten, ist es unerlässlich, die Transformation von Religion in der Gegenwart zu beschreiben, wie sie in industrialisiert-globalisierten Gesellschaften durch Individualisierung und Pluralisierung eingesetzt hat – eine Transformation, die häufig als Sinnkrise erlebt wird, was wiederum Gegenreaktionen (Fundamentalismen, Traditionalismen, Konsumfetischismus) hervorruft. Dabei unterscheidet sich die heutige Situation von Religionsmodellen der Vergangenheit dadurch, dass es in der globalisierten medial vernetzten Welt keine gänzlich voneinander unabhängigen Religionskulturen mehr gibt. Alles, was religionskulturell und religionsdynamisch geschieht, hat globale Auswirkungen, isolierte Entwicklungen sind nicht mehr möglich. Nun ist die Religionsgeschichte allerdings auch eine Geschichte der inszenierten und oft bewusst gewollten Abgrenzungen voneinander, da auf diese Weise Identität gewonnen und stabilisiert wird. Dieser Widerspruch bedeutet, dass das klassische Abgrenzungsmodell in Zukunft nicht mehr funktionieren kann. Daraus folgt, dass Religionen in der Lage sein müssen, einerseits das Spezifische kultureller Eigenheiten auszudrücken (Patriotismus) und andererseits eine universale Perspektive zu vermitteln, die wechselseitige Interdependenz erkennen und ausgestalten kann (Globalismus).

3. Handlungsstrategien begründen Weltbilder, und Weltbilder begründen Handlungsstrategien. Die Weltbilder schließen Menschenbilder ein. Es ist zu prüfen, ob und

wie traditionelle Weltbilder der Religionen erkenntnis-
und handlungsleitend waren in Bezug auf die moderne
Fragestellung einer nachhaltigen ökologisch/ökosophi-
schen Wirtschafts- und Kulturdynamik. Allerdings kann
es für den Imperativ gegenwärtigen ökologischen Handelns keine praktikablen Modelle in der Vergangenheit
geben: die Demographie und die damit verbundene Urbanisierung, die Industrialisierung und Digitalisierung (einschließlich des Ressourcenverbrauchs) und nicht zuletzt
die technische Hochrüstung, durch die sich die Menschheit in einer kurzen Zeitspanne selbst auslöschen kann,
haben Lebensbedingungen geschaffen, für die es kein Vorbild in der Menschheitsgeschichte gibt. Dennoch agiert
auch der heutige Mensch nach kognitiven und emotionalen Mustern, sie sich seit Jahrzehntausenden in der Evolution herausgebildet haben, die zu erkennen und zu verändern aber genau das ist, was angesichts eben jener
Lebensbedingungen geboten sein könnte. In diesem Sinne
ist die Befragung der Religionsgeschichte, vor allem der je
kulturell spezifischen Strukturen von Erkennen, Entscheiden und Handeln, nicht nur interessant, sondern notwendig, denn hier könnten Ressourcen für das Umdenken, das
Umfühlen und das Neu-Handeln fruchtbar gemacht werden, die nachhaltig wirksam wären. Der bloße Imperativ
oder Appell an die Vernunft hat hingegen nur eine be-
grenzte Wirkung.

Aus zahlreichen Studien wissen wir, dass Wissen allein nicht
das Handeln des Menschen motiviert und steuert. Vier entscheidende Faktoren können identifiziert werden, die bei der
Neuorientierung des Handelns und damit zur Veränderung
der Lebenspraxis ausschlaggebend sind. Das Engagement
- muss durch Mut und Freude motiviert sein;
- muss Sinn stiften;

- muss das Selbstvertrauen und die Bedeutung des Betreffenden stärken;
- muss ein größeres Ziel setzen, das über den Horizont des Individuums hinausgeht.

Diese Elemente zu berücksichtigen, herauszubilden und im öffentlichen kommunalen wie staatlichen Handeln tragfähig zu machen, ist der wesentliche Beitrag zur Transformation, den religiöse Akteure und eine entsprechend zugespitzte Religionskultur leisten können.

Dabei ist nur eine in sich selbst transformierte Religion in der Lage, dieser Aufgabe sinnstiftend und gewaltfrei gerecht zu werden, denn die Religionsgeschichte ist mit unsäglichem Irrtum und Gewalt belastet. Zwei Faktoren sind es, die eine transformierte Religion charakterisieren: Sie ist

1. *vernunftbasiert* und argumentationspflichtig, weil dies das universale humane Vermögen ist,
2. *pluralistisch*, weil sie die prinzipielle Begrenztheit des Erkennens als *religiöse* Wahrheit thematisiert, insofern der Mensch und jede menschliche Kulturleistung in der jeweiligen raumzeitlich begrenzten Gestalt vom Ganzen unterschieden, aber nicht getrennt wird.

Eine solche transformierte Religion widersteht *vom eigenen Prinzip her* jedem Fundamentalismus und Fanatismus, d.h. diese Qualifikation wird nicht von außen her (als moralischer Appell) an die Religion herangetragen, sondern ist ihr *inhärent*. Religion in diesem Sinne zu transformieren ist ein Projekt der Religionsgeschichte selbst und bereits in den Figuren des Sokrates, des Buddha, vielleicht auch Jesu von Nazareth, in jedem Fall aber der europäischen Aufklärung vorgezeichnet, wenngleich es in der heutigen Situation interkulturell neu ausformuliert und praktiziert werden muss.

IV Der Rahmen der Therapie

1. Um einen Rahmen für die Transformation zu beschreiben, werden Aspekte der Weltbilder Europas, Chinas und Indiens komparativ untersucht, da diese kulturellen Dynamiken heute unmittelbar oder unterschwellig wirksam sind. Für Europa wird insbesondere der Fortschrittsmythos (einschließlich seiner Implikationen) dargestellt werden. Dieser allerdings gründet bereits in dem christlichen Weltbild eines dynamisch-geschichtlich handelnden Gottes, der die Weltgeschichte zielorientiert lenkt. Das Christentum hat diese Denkform mit der ewigen Beständigkeit Gottes verknüpft, der trotz der Wirren in der Geschichte vertrauenswürdig bleibt, und das Ergebnis war die Dreifaltigkeit (Trinität) Gottes. Dieses »Markenzeichen« europäischer Religionsgeschichte ist das Resultat der Verbindung von (neu)platonischer griechischer Philosophie und hebräischer Geschichtstheologie. In dcm Symbol der Trinität werden Einheit und Vielfalt, Bewegung und Verlässlichkeit komplementär zusammengedacht, was die Komplementarität als generatives (und nicht nur beschreibendes) Prinzip einführt. Daraus folgt die Erkenntnis: Die Welt ist eine Dynamik von Möglichkeiten, in deren Gestaltung der Mensch verwickelt ist. Dem Menschen kommt deshalb *Verantwortung* für sein eigenes Schicksal wie auch für das Geschick der Welt zu.

2. Für Asien sollen insbesondere die Anthropologien indischer und chinesischer Gesellschaften, die historisch durch den Buddhismus miteinander verbunden sind, der Analyse unterzogen werden. Zentral zu diskutieren ist das Prinzip des »Entstehens in wechselseitiger Abhängigkeit«

(*pratityasamutpada*), das sowohl als logischer Rahmen als auch als Erfahrungsdimension des Geistes für alle buddhistischen Kulturen fundamental ist. Es ist zu fragen, ob und wie dieses Prinzip als kulturelle Ressource für gegenwärtige Gesellschaften aktiviert werden kann. Zu unterscheiden sind dabei

- die Raumstruktur (Einheit, Vernetzung),
- die Zeitstruktur (lineares versus zyklisches Denken), »Verwertungsmodelle« in bestimmten Zeitrhythmen (langfristig-kurzfristig), die Inszenierung von Zeitverhältnissen in Ritualen.

Für mehrere asiatische Kulturen ist der *Karma*-Gedanke, also das Prinzip reziproker Kausalität, mehr oder weniger bestimmend als Handlungsmotiv. Dabei spielt die Rolle des kausalen Gegenspielers (das Böse) eine motivierende wie auch hemmende Rolle, die allerdings zeitversetzt wirkt, weil die Folgen einer Tat nicht unmittelbar (sondern unter Umständen »in einem nächsten Leben«) aktuell werden, weshalb in solchem Fall keine Handlungskonsequenzen gezogen werden. Aus diesem Grund werden derartige »zeitversetzte Kausalitäten« im Ritual vergegenwärtigt. Dies ist eine motivationspsychologisch interessante Strukturierung von Zeitverzögerung, die für unsere Frage nach kulturellen Ressourcen für den gesellschaftlichen Wandel bedeutsam wird, weil ja auch die Folgen des jetzigen Handelns (etwa beim Klimawandel) nicht sofort spürbar werden, wohl aber durch wissenschaftliche Abstraktion mit Wahrscheinlichkeitsaussagen in den Blick kommen. Das allerdings führt erst dann zur Motivation, die Umdenken und neues Handeln stimuliert, wenn diese Folgen (rituell) bereits vergegenwärtigt werden, wobei die modernen Gesellschaften mit ihren Medien-Kulturen ganz eigene und originelle Formen einer solchen »Ritualisierung« geschaffen haben und weiter ausbilden können.

V Mögliche Therapiemodelle

1. Als Hypothese formulieren wir: Die für indische Kulturen maßgebenden anthropologischen Triebkräfte von Unwissenheit, Gier und Hass (im Buddhismus aufs engste miteinander verwoben) auf der Grundlage von Angst können ergänzt werden durch die Erkenntnis, dass auch das menschliche Streben nach Kreativität bzw. der Gestaltungswille des Menschen fundamental für die Evolution menschlicher Kulturen gewesen ist und bleiben wird, was sich empirisch (und gut dokumentiert) als ein Leitmotiv der antiken griechischen Kultur belegen lässt.
2. In Verbindung mit den sozialen Mustern von Kooperation und Konkurrenz in menschlichen Gesellschaften, die in Spannung zueinander stehen, ist zu klären, ob und wie ein detailliert zu beschreibendes qualitatives Wachstum solchen kulturellen Kräften Rechnung tragen kann, die inhärente Widersprüche auszugleichen vermögen.
3. In Verknüpfung mit historischen Beispielen ist zu fragen, ob und wie klassische Kulturen Ressourcen aktivieren, die ökologisch/ökosophisch zu konkreten Handlungsstrategien geführt haben, und zu prüfen, ob Übersetzungen in die Gegenwart möglich sind.
4. Die Symbolgestaltung und Gemeinschaftsdynamik der Religionen muss genutzt werden – ihre Motivationskraft ist für das Gelingen des kulturellen Wandels unerlässlich. Religionen sind auch deshalb wichtig für die kulturelle Erneuerung, weil sie Institutionen sind, die zeitlich und räumlich in weiten Horizonten operieren. Wir fassen den Religionsbegriff allerdings sehr weit und meinen nicht nur das, was uns heute als »institutionalisierte Religion«

bekannt ist, sondern vielmehr eine grundlegende kulturelle Praxis, ohne die Menschheitsgeschichte kaum denkbar ist. Dies wird nun erläutert:

1. Was sind Religionen?

1. Religionen sind geistige, soziale und materielle Systeme, die Gesellschaften Kohärenz verleihen und den Einzelnen in ein letztgültiges Lebens- und Deutungsmuster der Wirklichkeit integrieren. Sie beantworten und klären Grundfragen und Ängste des Menschen und heben ins Bewusstsein, dass der Mensch mehr ist als das, was er für seine alltägliche Identität hält. Religion ist in jedem Fall sozial inszenierte und individuell internalisierte »Kontingenzbewältigung«, also konstruktiver Umgang mit der Zeitlichkeit und dem Leiden des Menschen durch Sinnangebote, die Raum und Zeit durch Verweis auf eine transzendente Dimension je unterschiedlich strukturieren. Dabei spielen emotionale wie kognitive Elemente in wechselseitiger Abhängigkeit eine entscheidende Rolle. Diese Kontingenzbewältigung wird besonders dringlich in gesellschaftlichen Umbrüchen, die Unsicherheit erzeugen. Kurz gesagt, Religion ist die Suche nach *certitudo* unter Bedingungen der *insecuritas*, nach Gewissheit also unter den Bedingungen des ungewissen Lebens.
Religionen sind als kultische, emotionale und intellektuelle Selbstvergewisserung in allen menschlichen Kulturen spezifisch ausgeprägt. In der Geschichte der letzten viertausend Jahre haben Religionen regionale Identitäten geschaffen beziehungsweise solche legitimiert.

2. Zuerst die wissenschaftlich-technische, dann die wirtschaftliche und nun auch die mediale Globalisierung verändern traditionelle Muster der Herausbildung von Identitäten durch Religion. Religionen beeinflussen heute

einander wie nie zuvor und verlieren dabei sowohl auf der Ebene der Bindungskraft beim Einzelnen wie auch in Gruppen und institutionell ihre exklusive und abgrenzend identitätsstiftende Funktion, besonders bei den von der Globalisierung stark betroffenen Mittelschichten. Weltweit kommt es zu so genannten »Patchworkidentitäten«. Die daraus folgenden Wertemuster sind keineswegs konturlos, sondern bilden neue Wertehierarchien. Sie erscheinen aber je nach kultureller Situation verschieden.

3. Religionen haben auch im 21. Jahrhundert in Europa noch Einfluss, weltweit ohnehin. Der staatstragende Atheismus der kommunistischen Länder hatte die Religionen durch totalitäre Ideologien nur zeitweilig verdrängt, was in China bis heute der Fall ist, allerdings in neuen Mischungen mit klassischen, als nationales Erbe deklarierten Religionsinhalten. In modernen kapitalistischen Industriegesellschaften vor allem Europas wurden die monolithischen religiösen Institutionen durch Pluralisierung der Religionen abgelöst. In anderen Teilen der Welt blieben Religionen traditionelle Identitätsgeber oder fanden diese Rolle in neuer Form, wie besonders in Russland, der arabischen Welt und Afrika, politisch orchestriert auch in Indien, und zwar in einer Form der Abgrenzung zur westlichen technologischen und politischen Dominanz. Das ist ein wesentlicher Aspekt der heutigen Auseinandersetzung zwischen vielen arabischen Staaten und Europa.

4. Nach dem Zusammenbruch der im 19. Jahrhundert generierten politischen Gesellschaftsutopien, also vor allem dem innerweltlichen Fortschrittsglauben, dem Marxismus und dem Faschismus, entsteht heute eine neue Suche nach Sinn, nach Werten, die unter den Bedingungen pluralistischer Gesellschaften nur als Sinnpluralität erscheinen kann. Der damit verbundene »Zwang zur Wahl« (Peter L. Berger) erzeugt neue Unsicherheit (*insecuritas*) und konterkariert damit das *certitudo*-Bedürfnis. Das ist einer der

inneren Gründe für Fundamentalismen, die diesen Sachverhalt zu verdrängen suchen. Um die Verdrängung aufrechterhalten zu können, entsteht ein Sog zur Fanatisierung, der, wenn er politisch instrumentalisiert wird, durch geschürten Fanatismus verstärkt wird.

1.1 Historische Dimensionen

Das, was wir als unterschiedlichen Weltkulturen oder Weltreligionen bezeichnen, ist eine relativ junge Entwicklung in der Menschheitsgeschichte. Religionen haben sich in den letzten Jahrtausenden in geographischen und politisch kulturellen spezifischen Kontexten entwickelt. Hinsichtlich der dokumentierten Geschichte der letzten drei bis maximal vier Jahrtausende können vier Modelle unterschieden werden, die aber auch untereinander überlappende Epochen markieren, die also auch gleichzeitig wirksam sind:
1. Die Isolation
2. Die Konfrontation
3. Die Toleranz oder Koexistenz
4. Die Kooperation oder Proexistenz.

Unter *Isolation* verstehen wir die getrennte Entwicklung der allmählich sesshaft werdenden Völker im 3. und 2. Jahrtausend v. Chr. entlang der großen Flüsse Nil, Euphrat und Tigris, Indus und Ganges sowie am Gelben Fluss. In dem Maße, wie diese Stadtstaaten zu territorialen Größen wuchsen, auf andere Kulturen ausgriffen und Imperien bildeten, wie z. B. Griechenland oder Persien oder Rom, das China der Han oder das Indien der Maurya, gerieten die Kulturen in Dominanzkonflikte und *Konfrontation*, die auch die Religionen betrafen. Die Götter der Besiegten wurden entweder in das überlegene himmlische Imperium eingegliedert oder ausgegrenzt. Selten kam es wie unter Ashoka im Indien des 3. Jahrhunderts v. Chr. oder teilweise in der »Pax Romana« zur Duldung (Toleranz) der anderen Götter. Das Modell bzw. die Epoche der *Toleranz*, die dritte Epoche also, hat in unterschiedlichen Kulturen verschiedene Wurzeln und Gestalten angenommen. Seit dem 19. Jahrhundert, genauer seit dem Weltparlament der Religionen 1893 in Chicago, das nicht zufälligerweise am Rande der damaligen Weltausstellung stattfand, also mit einem ersten Schub von Globalisierung in der Ökonomie verbunden ist, wuchs der Mut und der Ruf nach Zusammenarbeit in produktivem Sinne, also nicht nur nach Toleranz, sondern *Kooperation* der Religionen. Dies verstärkte sich noch einmal nach den verheerenden Weltkriegen und dem Zusammenbruch des Kolonialismus nach 1945, wobei es zunächst zu einer Kooperation der Religionen angesichts der Gewalt kam, die in den Weltkriegen von Europa ausging, dann auch als Kooperation und Proexistenz der Religionen gegen den aufkommenden Kommunismus und den konsumeristischen Materialismus, und heute angesichts der Gefahr eines neuen Weltkrieges oder der ökologischen Katastrophe.

Es ist zu bedenken, dass damit nur eine kurze Spanne der Menschheitsgeschichte im Blick ist. Zehntausende von Jahren, ja Hunderttausende kennen wir so gut wie nicht. Selbst wenn wir die Malereien der jungpaläolithischen Höhlen von Lascaux zu deuten versuchen, kommen wir über Vermutungen nicht hinaus, d.h. die Religionen, wie wir sie kennen, sind historisch mit der Bildung von Stadtstaaten entstanden. Es ist durchaus möglich, dass die gegenwärtige Globalisierung und dramatische Veränderung der Welt auch die Religionskulturen grundlegend verändern wird, denn auch Religionen sind historische Gebilde, die entstehen, sich verändern und auch wieder verschwinden können.

1.2 Gegenwartsdiagnostik

Vielerorts wird ein Verlust von Werten, von Ressourcen, auch von Identität beklagt. Als Gegenmittel werden sowohl Besitzstandswahrung als auch gezielte Aufbrüche in ein neues Zeitalter propagiert, und diese Ambivalenz lässt sich auch in den Religionen beobachten. Keineswegs nur im Christentum stehen insbesondere die Institutionen auf dem Prüfstand der Kritik. Die Beschwörung von »Wahrung der Identität« ist dann nicht selten eine Maske für institutionelle (konfessionelle, religiöse, parteipolitische) Selbstbehauptung und Unfähigkeit zur Reform. Es gibt also einerseits eine globalisierte Krise der religiösen Institutionen und andererseits einen Boom von Religiosität, der ebenfalls global vernetzt ist.

Zunächst eine Ausgangsthese: Das, was als Krise erscheint, ist zutiefst auch eine Krise der Sprache. Diese hängt wesentlich mit Traditionsumbrüchen und mit Veränderungen in Wirkung und Gebrauch von Medien zusammen. Große Mengen von Informationen stehen zur Verfügung und werden flüchtig registriert, kaum aber kontextuell und historisch verstanden. Verstehen vollzieht sich in Sprache. Sprachen werden durch Traditionen übermittelt. Menschen werden in eine bestimmte Sprache hineingeboren, und diese Sprache ist nicht universal. Sie ist wie ein Fenster, durch das wir auf die Wirklichkeit blicken, je nachdem durch welches Fenster man blickt, ist die Wahrnehmung verändert. Sprache bildet also nicht nur ab, sondern schafft das, was als Wirklichkeit erscheint. Daraus folgt: Verstehen setzt voraus, dass das Besondere von Sprachen und die historische Bedingtheit von Begriffen erfasst werden. Sprachen wandeln sich. Was »Zeit« oder »Freiheit« oder »Glück« oder »Wohlstand« bedeutet, war im 1. Jahrhundert anders als im 16. oder 20., selbst wenn wir eine einzige Sprachentwicklung (sagen wir die deutsche) zugrunde legen – die historischen, sozialen, ökonomischen und kulturellen Prozesse sind so komplex, dass diese Entwicklungsgeschichte immer nur partiell und – wiederum durch das jeweilige »Fenster« der Wahrnehmung bedingt – vorbeurteilt beschrieben werden kann. Begriffe lassen sich nicht ohne weiteres ineinander übersetzen, schon gleich gar nicht im poetischen und mytho-poetischen Sprachduktus des Religiösen, denn jedes Wort hat einen Kontext, der gewachsen ist. Ein Sprachbegriff ist und bleibt mit sich nicht identisch, denn jeder Begriff ist entstanden aus verschiedenen Wurzeln, und der nachfolgende Wachstumsprozess hat kein Ende.

Kultur und Religion sind synthetisch. So gibt es nicht die *eine* christliche oder hinduistische oder buddhistische Vorstellung von Gott, Welt und Erlösung, sondern immer neue Versuche des Verstehens, des Aneignens, der kreativen Neuinterpretation. Dies geschieht nicht in subjektiver Willkür, sondern in intersubjektiver Kommunikation nach Spielregeln, die durch die Tradition vermittelt und mehr oder weniger allgemein anerkannt werden. Identität ist im Werden, sich wandelnd. Daraus folgt die These: Tradition ist lebendig, indem sie sich verändert, und nur so kann sie ihrem Ursprungsimpuls treu bleiben. *Das* Christentum, *den* Hinduismus, *den* Buddhismus gibt es folglich nicht, sondern Menschen und Gruppen, die auf dem Hintergrund einer bestimmten Sprach- und Symboltradition ihr Leben verstehen und gestalten möchten, wobei Gruppeninteressen und soziale Selbstbehauptung eine wesentliche Rolle spielen. Darum sind Religionen in sich vielgestaltig und umfassen oft mehrere »Typen« von Religion in einem einzigen Traditionsstrang. Was dazu gehört und was nicht, wird in Kommunikationsprozessen von Gruppen stets neu »ausgehandelt«. Auch hier ist Identität fragil, durchlässig, nie abgeschlossen. Dazu seien vier Aspekte unterschieden:

Spiritualität

Religionen legitimieren Grundmuster von Gesellschaften durch den Bezug auf eine unbegründbare Wirklichkeit (Gott), die Voraussetzung für den normativen und wohl auch operativen Konsens von Gesellschaften ist. Dieser Bezug ist historisch veränderlich, aber ohne ihn – sei er nun explizit »religiös« oder nicht – ist gesellschaftliche Kohärenz beziehungsweise Identität nicht denkbar. Religiöse Sozialisationsprozesse, Kultformen, theologische Systeme usw. können sehr verschieden voneinander sein, und oft fallen Ähnlichkeiten nur dann ins Auge, wenn man von der konkreten Geschichte abstrahiert. Denn verschiedene Religionen geben nicht unterschiedliche Antworten auf ein- und dieselbe Frage, sondern sie stellen die Fragen verschieden, und dementsprechend sind die Antworten unterschiedlich.

Um welche Fragen geht es? Eben darüber gibt es keinen Konsens (mehr). Geht es um die Frage nach dem Sinn des Lebens, nach Bedeutung der divergierenden Einzelereignisse des Lebens, die doch irgendwie einen Zusammenhang ergeben müssten? Oder geht es eher nicht um die Frage nach dem *Sinn* des Lebens, denn dies ist eine intellektuelle und sekundäre Frage, sondern darum, wie Menschen eine *Erfahrung* authentischen Lebens machen können? Das aber ist der Bereich der *Spiritualität*, der von Religion unterschieden werden muss, wenngleich beide historisch miteinander zusammenhängen: Spiritualität ist die bewusste Formung des Bewusstseins durch sich selbst, sie ist die schöpferische Entdeckung der noch unentdeckten Möglichkeiten, die im menschlichen Bewusstsein liegen, vor allem der Möglichkeiten zu einer transtemporalen und alles umfassenden Einheitserfahrung. In dieser Erfahrung wird der Gegensatz von Subjekt und Objekt, von Mensch und Welt, von Mensch und Gott überwunden in einer Erfahrung der Einheit der Wirklichkeit. Dies ist ein *transformatives* Erlebnis, wie wir aus der Geschichte der Spiritualität in allen Religionen wissen. Solche Transformationen sind heute notwendig, um den sozio-kulturellen Bewusstseinswandel anthropologisch zu ermöglichen. Spiritualität wurde allerdings in der Geschichte bisher (meistens) von religiösen Ritualen und Glaubensformen gestützt und plausibilisiert, gerade auch dann, wenn spiritueller Aufbruch erstarrte religiöse Dogmen und Institutionen hinweggefegt hat. Gewiss, Spiritualität wurde in der Geschichte meist auf dem Hintergrund und in den Deutungsmustern von Religion gelebt und erlebt, das war aber keineswegs immer der Fall: In der Spätantike etwa waren die Erzählungen und Rituale der Religion für viele Intellektuelle obsolet geworden, z. B. in der Stoa bis hin zu Boethius: hier wurde die philosophische Ethik zum spirituellen Feld, die *consolatio* (Tröstung) der Philosophie erwies sich in der stoischen Ethik als die spirituelle Praxis. Spiritualität kann auch heute in Distanz zur Religion praktiziert werden, wie die Achtsamkeits- und Meditations-Bewegungen in Europa und Amerika zeigen. Es geht dann meistens um »authentisches Leben«, weniger um wie auch immer vorgestellte »Gotteserfahrung«.

Doch was ist authentisch, und woran misst man dies? An Werten, die in Traditionen überliefert werden. Solche Werte wandeln sich, aber jede menschliche Gemeinschaft beziehungsweise Gesellschaft sucht nach Grundwerten, nein sie basiert schon vor jeder Frage auf Grundlagen, die eine geordnete Weltsicht und damit eine sinnvolle Frage überhaupt erst ermöglichen. Ohne einen Grundrahmen von Orientierung – sei dieser bewusst oder nicht – ist Erkennen nicht möglich. Wo es kein Erkennen gäbe, wäre auch das Wählen nicht möglich, das heißt, der Mensch könnte keine Entscheidungen treffen. Daraus folgt: *Die Pluralität der Werte ist immer relativ zu einer grundlegenden Basis, auf der die Wertepluralität überhaupt erst als Wert erkennbar ist.* Absolute Relativität ist ein hölzernes Eisen. Das hat Konsequenzen für die Wahrnehmung dessen, was man zunächst als das »Andere« oder »Fremde« oder »Neue« erfährt, das allerdings unvermeidlich nicht völlig anders sein kann, weil es sonst gar nicht wahrnehmbar wäre. Das Eigene und das Andere sind keine abgeschlossenen Gebilde, die man von außen betrachten könnte, sondern beide Größen entstehen in der Begegnung, in der Kommunikation von Verschiedenen, die in der Bestimmung des Eigenen und Anderen zwei Seiten eines einzigen Kommunikationsgeschehens abstrahieren. Das Andere ist die Rückseite des Eigenen.

Wahrhaftigkeit

Die genannten kulturellen Dynamiken lassen sich auch im Rückblick auf die Religionsgeschichte erkennen. Jede Religion ist Komposition. Religions-Kompositionen bestehen aus unzähligen Einzel- und Leitmotiven, die ein Geflecht bilden, indem sie miteinander in Beziehung getreten sind und treten. Was also ist original an einer »Religion«, was ist ihre Identität? Eine Analogie aus dem Bereich der Musik kann vielleicht hilfreich sein: Der fortwährende Austausch nach der Struktur einer unverwechselbaren »Grund-Melodie«. Selbst die gewagteste Modulation (vielleicht gar in einer Parallele?), auch der Kontrapunkt, ist auf die Grundmelodie bezogen. Auch das Kontrastthema. Ist das nur eine erbauliche oder vage Metapher? Vielleicht, aber präzise lässt sich das Problem nicht fassen, weil wir es in der Gestaltung von Religionen wie in der musikalischen Figuration mit kreativen Prozessen zu tun haben, die prinzipiell nicht vorhersehbar sind, ob nun der Weltgeist als Autor vermutet wird (Hegel) oder die Spezies Mensch als kulturgeschichtliches Wesen in einer *creatio continua* zu sich selbst kommt (moderner Konstruktivismus).

Was folgt daraus für die Religionskultur des Christentums auf der Suche nach religiöser Identität in multireligiösen Gesellschaften? Zunächst dies: Der Geist des Christlichen erzeugt eine religiöse Haltung der Offenheit, sprich: der »Freiheit eines Christenmenschen« (Luther). Diese Offenheit ist aber nur durchzuhalten in einer Ausrichtung, die mit der Tugend der Wahrhaftigkeit angemessen zu beschreiben ist. Wahrhaftigkeit kann nicht abstrakt bleiben, sie hat Gestalt. In christlicher Sprache: Wenn der Logos inkarniert wird, hat geistige Wahrhaftigkeit den Segen des Himmels. Das trinitarische Werden in Gott und die Inkarnation als Sohn präfigurieren partnerschaftliches Sein, mithin die dialogische Existenz des Christen. Wenn der Raum dieser Inkarnation dann noch als das »Eigentum« der unaussprechlichen Wahrheit selbst verstanden wird (»Er kam in sein Eigentum«, Joh 1,11), kann es zwar Widersprüchliches und Widerständiges, nicht aber prinzipiell Fremdes geben. Der Logos »schmeckt« sich selbst in allen Dingen, um ein Wort Meister Eckharts abzuwandeln. Das ist eine Erkenntnis, die Pluralität gleichsam sakramentalisiert.

Kreative Integration

Die Einheit der »Welt in Gott« (Karl Rahner) ist eine theologische Selbstverständlichkeit, die sich aus der oben erwähnten Trinitätslehre des Christentums ergibt. Aber die Haltung, die daraus resultiert, ist nicht selbstverständlich. Sie reibt sich an dem individuellen Interesse eines psychisch stabilen Identitätsrasters und an dem institutionellen Interesse einer verrechtlichten »Ruhe an der Front«. Aber es ist die kreative Integration, nicht die stabilisierende Abgrenzung, aus der sich die Dynamik des Christlichen speist. Jesus von Nazareth hatte andere Prioritäten als das – menschlich ganz normale – Interesse am *status quo*. Sein Reich war nicht von dieser Identität.

Auch in späteren Jahrhunderten heißt es: Ecclesia *semper reformanda* – ein anstrengendes Programm, das ohne Verunsicherung, ohne Risiko und Unruhe in der Suche nach den Kriterien nicht denkbar ist. Denn Integration oder Assimilation kann ohne Dissimilation nicht gelingen. Der kulturell handelnde Mensch findet seine Würde als Subjekt dieser

Unterscheidung nicht, wenn er sich in den Strudeln der Zeit-läufte trudeln lässt, sondern wenn er gemäß eigener Einsicht und Verantwortung handelt. Diese Freiheit ist die christliche Identität. Daraus rechtfertigen sich nicht Überlegenheits-gefühle, wohl aber der Mut zur Freiheit durch Öffnung für den Geist, aus der gelassene Freude kommt. Denn das Krea-tive oder die spielende Weisheit ist die Schwester der Freude. Nicht der erhobene Zeigefinger ist der Gestus des Christus und damit des Christen, sondern die geöffneten Arme, auch für die Identitäts-Beladenen und von Sorgen Gequälten.

Allerdings pflegen sich Identitäten und Abgrenzungs-bedürfnisse durch Sprachgebräuche und Kommunikations-rituale zu stabilisieren, die »Erkennbarkeit«, das »eigene Pro-fil« bzw. das »Unverwechselbare« zu spiegeln scheinen. Das aber ist Fiktion, denn jede Sprache ist immer nur *ein* Fenster auf die Wirklichkeit, wie wir bereits bemerkt hatten. Wo mehrere Menschen durch verschiedene Fenster blicken und einander aus unterschiedlichen Häusern religiöse Erfahrun-gen zurufen wollen, entsteht ein heilloses Sprach-Chaos. Das Ohr muss geschult werden, damit es hören lernt. Dies kann man, muss es aber nicht, Meditation nennen: aufmerksam sein und hinter den eigenen Worten wie hinter den Worten des anderen die verborgenen Mitteilungsmuster hören, vor allem aber die eigenen Projektionen als solche erkennen.

Identitätsbildung

Traditionell relativ stabile Religionsräume haben sich fast überall ausdifferenziert, zumindest in den Industrieländern. Innen- und Außenperspektive von Religionen verknüpfen sich in immer komplexeren Strukturen miteinander. Diese komplexe Unübersichtlichkeit macht Angst, wenn die Wir-kungsweisen nicht durchschaut werden. Weil Religionen nach wie vor und weltweit eher zunehmend ein Faktor der Identitätsbildung von Individuen und Gruppen sind, müssen die Muster und Spielregeln der Begegnung mit dem Anderen (in der sich das Eigene neu prägt) transparent gemacht werden. Und zwar durch Bildung, denn nur Verstehen kann lehren, dass Identitäten flexibel sind.

Die Pluralisierung im Religions- und Wertegespräch muss keineswegs zu Identitätsverlust führen, sondern wird Wachstums- beziehungsweise Reifungsprozesse auslösen, die das Bestehende verändern werden, wenn Individuen und Gruppen dabei bewusst aktiv sein können und Integrität erleben. *Dann löst Differenz kreative Freude aus, und die Freude des Kreativen drückt sich aus in Differenz!* Dies erlebt jeder Entdecker! Allerdings ist der Umgang mit Differenz anstrengend, und jeder Wachstumsprozess setzt Wurzeln voraus. Diese präsentieren sich individual- wie gruppenpsychologisch in der Gestalt von Kindheitsmustern bzw. der Erzählung von Geschichte(n), die Identität stiften. Wachstum in Freiheit setzt die behutsame Pflege solcher Wurzeln voraus. Dieses Gesetz der psychischen Integrität ist gültig auch für soziale und hier ganz besonders religiöse Identitätsprozesse.

2. Die europäische Erfahrung

Wir beginnen mit Europa, obwohl dies nach zeitlich-historischer Einordnung keineswegs gerechtfertigt erscheint, denn Europa ist bei weitem nicht der älteste Kulturraum, zumindest China und Indien wären hier an erster Stelle zu nennen. Doch gibt es zwei Gründe, die diesen Beginn rechtfertigen: Erstens sehen wir das Andere oder den Anderen im Licht der eigenen Erkenntnisbedingungen, also durch eine Perspektive, die uns selbst meist gar nicht bewusst ist. Wir können zwar methodisch versuchen, diese Voreingenommenheit so weit wie möglich auszuschalten, aber dennoch gibt es in der Welt der Geschichte keinen übergeordneten Standort – wir sind Teil dessen, was wir beschreiben, und der Vorgang des Beschreibens bzw. Erkennens ist selbst ein Aspekt des zu

Erkennenden. So ist es sinnvoll, die Muster der eigenen Geschichtsmythologie zuerst zu durchschauen. Zweitens hat die Dynamik der europäischen Kultur die gesamte Welt erfasst, indem die wissenschaftlich-technische und die ökonomische Entwicklung alle Lebensbereiche auf dem gesamten Globus fundamental prägen und verändern. Diese Veränderungsdynamik ist Teil des Problems der Zerstörung von Ökosystemen und der Vielfalt humaner Lebenswelten; sie hat zwar in Europa und Amerika ihre Ursprünge, ist aber längst Teil der Antriebsmechanismen aller anderen Weltkulturen und wird in diesen mit nicht weniger Vehemenz vorangetrieben als in den Ursprungsländern der industriellen Revolutionen. Im Gegenteil, oft kommt die Kritik an der entfesselten ökonomischen Wachstumsdynamik aus Europa und Amerika, während die ungebremste Zerstörung nicht selten kritiklos in Indien oder China vorangetrieben wird, auch wenn sich – in beiden Kulturen – Gegenkräfte regen, sind diese oft auch von europäischen Vorbildern her motiviert, seltener von indigenen kulturellen Werten. Dass sich das ändern könnte und sollte, ist ein Aspekt der folgenden Überlegungen.

Europa selbst ist vielgestaltig, die Unterscheidung griechischer und hebräischer Wurzeln ist nur eine sehr grobe Einteilung. Auch Ägypten, Mesopotamien und Persien sind Kulturen, die zur Entstehung der spezifisch europäischen Entwicklung maßgeblich beigetragen haben. Bis zum 12. Jahrhundert, also dem Beginn der Stadtentwicklung und vernetzter Infrastrukturen der Transportwege, des ökonomischen Austauschs und entsprechender sozialer Veränderungen, ist von einer europäischen Wachstumsdynamik noch nichts zu spüren. Die Zeit vom 1. bis zum 11. Jahrhundert n. Chr. ist eine »langsame« Zeit gewesen, der es zwar an Dramatik nicht fehlte, die aber diese Dramatik im Rahmen bekannter Kulturmuster entfaltete: der Untergang des Römischen Reiches, die Völkerwanderungen, die Etablierung neuer/alter feudaler Ordnungs- und Herrschaftsformen bei einer sich nur geringfügig verändernden demographischen Situation. Die christliche Heilserwartung war wesentlich auf das Jenseits ausgerichtet, sie gab kaum Impulse für die Veränderung des Diesseits.

Das änderte sich ab etwa 1200. Bereits die Mönchsorden hatten weite Territorien erschlossen und verkehrsmäßige wie wirtschaftliche Infrastrukturen geschaffen, die ganz Europa miteinander in Verbindung brachten. Jetzt kommt es zur Rodung und Bewirtschaftung weiter Landstriche, Europa wird allmählich ein zusammenhängender Verkehrs- und Handelsraum. Der Abbau von Bodenschätzen, besonders der Silberbergbau, dynamisiert die wirtschaftliche und kulturelle Entwicklung, die auch einen neuen Schub zur Gründung und Vergrößerung von Städten bewirkt. Neue Strukturen zur Organisation und Verwaltung entstehen. Dieser Prozess ist vielfach beschrieben und kontrovers diskutiert worden. Auch wenn Akzente und Gewichtungen unterschiedlich gesetzt werden – hier beginnt, was man später die Entwicklung zum Fortschritt nennen sollte. »Fortschritt« wird zum Markenzeichen einer Kultur, die sich über Jahrhunderte auf diese Weise organisieren und legitimieren wird. Seit dem 18. Jahrhundert wird der »Glaube an den Fortschritt« zum Motor wissenschaftlicher, technischer, industrieller und sozio-kultureller Entwicklung und übernimmt damit die Funktion von Religion(en).

2.1 Ausgangsthesen zum Begriff des Fortschritts

1. Der Begriff des Fortschritts in Wissenschaft und Technik ist zwar gekoppelt an, aber nicht identisch mit dem sozial und politisch wirksamen Fortschrittsbewusstsein und seinem Pathos, das seit der Aufklärung und verstärkt im 19. Jahrhundert in Frankreich, den USA, England, verzögert auch in Deutschland, wirksam war und jeweils

nicht unangefochten, aber politisch bestimmend, die Expansion der europäisch-amerikanischen Zivilisation bis zum 1. Weltkrieg ideologisch getragen hat.

2. Das Fortschrittsbewusstsein war von Anfang an sozial ausdifferenziert und blieb zunächst auf das Bürgertum beschränkt. Es ist also mit dem Aufstieg einer sozialen Schicht verbunden und besonders in Deutschland nicht charakteristisch für die gesamte Kultur: der Adel, die Bauern, der Klerus und ein pietistisch geprägtes kleinbürgerliches Milieu wurden davon anders betroffen als die Schichten und Klassen, die die Erste industrielle Revolution trugen. Literatur, Musik und die romantischen Kulturphilosophien standen dem Fortschrittspathos zwiespältig bis distanziert, zuweilen mit offener Antipathie gegenüber.

3. Als Kolonialmächte rechtfertigten Europäer und Amerikaner ihren Herrschaftsanspruch mit der zivilisatorischen »Überlegenheit des Christentums« bzw. der »westlichen Kultur« und zwangen diese Perspektive durch den Aufbau von Schulsystemen und die Dominanz in Wertedebatten den Ober- und oberen Mittelschichten in den Kolonialländern auf. Als Gegenreaktion maßen die Sprecher anderer Kulturen die westlichen Ansprüche an deren Realität und wirklichem politischen Verhalten, was zu vernichtenden Urteilen führte. Besonders deutlich wird dies in der indischen Kongresspartei und noch mehr bei Mahatma Gandhi, der zu Beginn des 20. Jahrhunderts (vgl. seine Schrift »Hind Swaraj«), unterstützt durch die Kulturkritik im Westen selbst (Tolstoi, die Transzendentalisten Neu-Englands usw.), die westliche Rhetorik vom Fortschritt und der Überlegenheit an den tatsächlichen Rechts-, Herrschafts- und Wirtschaftsverhältnissen misst und dem Westen Heuchelei vorwirft.

4. Im Ersten Weltkrieg brach der Fortschrittsoptimismus zusammen (in Deutschland Stefan Zweig, Oswald Spengler,

die Dialektische Theologie; in Frankreich etwa Romain
Rolland oder Claude Lévi-Strauss). Die Selbstzerstörung
des Abendlands war mehr als eine politisch-militärische
Katastrophe, dieser Krieg war die Demaskierung des Fort-
schrittsbewusstseins. Die beiden mächtigsten totalitären
Bewegungen im 20. Jahrhundert (Faschismus/National-
sozialismus, Kommunismus) sind eine Reaktion auf diesen Zusammenbruch, ebenso wie die Ankündigung vom
»Untergang des Abendlands« (Oswald Spengler), die sich
in Warnungen hinsichtlich der »Grenzen des Wachstums«
(Club of Rome, 1960) und ökologischer Katastrophenszenarien bis heute fortsetzt. Ein Gegenentwurf ist Jean Gebsers Ruf nach einem »Bewusstseinswandel« (Ursprung
und Gegenwart, 1949), der sich aus einem mythisch-mys-
tischen Bewusstsein speisen soll und Vorläufer bei Arthur
Schopenhauer, Friedrich Nietzsche, Hermann Hesse, Carl
Gustav Jung usw. hat sowie von Albert Schweitzer, Diet-
rich Bonhoeffer, Carl Friedrich v. Weizsäcker, Hans-Peter
Dürr u. a. weitergeführt wurde.

2.2 Der Zeitbegriff sowie die Jüdisch-christliche Apokalyptik und das utopische Bewusstsein

Der Fortschrittsbegriff hängt ab von zwei Voraussetzungen,
die kulturell sehr unterschiedlich erscheinen: vom Begriff der
Zeit und von der Bestimmung des menschlichen Handelns in
der Geschichte.

Zeit
Kulturelles Zeitempfinden ist abhängig von den geogra-
phisch-klimatischen Situationen (Jahreszeiten) und den geschichtlichen Erfahrungen einer Kultur und wird in den reli-
giös-mythischen Grundlagen eines Traditionsstromes in den
Wertehierarchien von Gesellschaften sozial differenziert

57

überliefert. Die Frage nach der Zeit war seit Plato, Aristoteles und Augustinus ein Grundproblem der Metaphysik.[4] Dies ist hinsichtlich der Anfänge indischer (Buddhismus und die »orthodoxen« vedischen Systeme) und chinesischer (Daoismus) Philosophie nicht anders. Denn das Denken bedarf der zeitlichen Kategorien von Erinnerung und Antizipation in synthetischer Vergegenwärtigung. Die Identität des Selbstbewusstseins wird durch den kontinuierlichen Strom der Zeit verbürgt, der dann mehr als seine Erscheinung in jedem Moment des Zeitgeschehens sein muss: es sind erinnerte Episoden in der Vergangenheit, die im autobiographisch konstruierten Jetzt ein Ich und damit Identität erzeugen. Das Bewusstsein aber erlebt den Mangel, weil die Synthese nie zu vollkommener Einheit gelangen kann, und so sucht es die raumzeitliche Differenzierung in einer direkten Einheitsschau zu integrieren, die das Ganze der Zeit in einen »räumlichen« Rahmen stellt. Dieses Muster ist in allen Kulturen anzutreffen, die eine Zeit-Bewusstheit entwickelt haben. Bewusstheit ist die Selbstreflexivität des Bewusstseins, d. h. die Verschmelzung des beobachtenden Subjekts mit dem beobachteten Objekt. Dass das Zeitproblem aufs Engste mit der Frage nach dem Verhältnis von Einheit und Vielheit zusammenhängt, hat die Vorsokratiker ebenso wie Plato, den indischen Buddhisten Nagarjuna ebenso wie den chinesischen Daoisten Zhuangzi und, in der neueren europäischen Geschichte, auch Künstler wie Novalis, Richard Wagner, Rilke und Kandinsky beschäftigt. So sind Raum und Zeit für Novalis zwei Seiten einer Sache, sie verhalten sich wie Einheit und Vielheit, insofern die Bewegung (deren Maß seit Aristoteles die Zeit ist) im Raum zu erstarren scheint, während sie in der Zeit ablaufen oder fließen kann. Raum gerät in

---

[4] Vgl. G. Böhme, *Zeit und Zahl. Studien zur Zeittheorie bei Platon, Aristoteles, Leibniz und Kant*, Frankfurt 1974; E. Rudolph, *Zeit und Gott bei Aristoteles*, Stuttgart 1986.

der Zeit ins Fließen, während Zeit zu Raum erstarrt,[5] was ein
Thema auch in Richard Wagners »Parsifal« ist.[6] Das Selbstbewusstsein ist sich nun Grund und Resultat zugleich, d. h. es
ist Ursache und Wirkung des Selbstvergewisserungsprozes-
ses, der zeitlich gegliedert erscheint:[7] Erinnerte Ursprünge
und aus der Gegenwart extrapolierte Möglichkeiten werden
als Gegenwärtigsein des Vergangenen und Gegenwärtigsein
des Zukünftigen in einer dynamischen Gegenwart so gedacht, dass die Einheit des gegenwärtigen Augenblicks in der
Differenzierung einzelner Momente erscheint. Vergangenheit wäre demnach das *Anhaften* an Erinnertem, Zukunft
die *Projektion* des Gewünschten. Die Erfahrung reiner Gegenwart, die gleichzeitige Einheit ist, wäre Freiheit von beiden Intentionen, Freiheit von Anhaften und Projektion also.
Dies ist eine zentrale buddhistische Denkfigur, sie findet sich
aber auch in der christlichen Mystik und in der Naturphilosophie Schellings.

Während für Aristoteles und späteres europäisches Zeitempfinden die Zeit das Maß der Bewegung ist, der alles Er-
fahrbare unterliegt, ist die platonische Denkform eher mit
allgemeinsten indischen und auch chinesisch-daoistischen
Grundstrukturen verwandt. Danach ist das Zeitliche nur die
Oberfläche, hinter der sich das unwandelbare Sein befindet,
das es zu erkennen gilt. Das Sein ist das Wahre, das Wesen,
während das Zeitliche den vergänglichen Abglanz darstellt.
Zeit ist demnach relativ, abhängig vom Erfahrungsinhalt des
Menschen, sie kann langsam oder schnell verlaufen. Gott, so
der indische Mythos, erfährt in einem Augenblick, was Menschen als jahrtausendelange Entfaltung oder als den Fortgang
aufeinander folgender Ereignisse erleben. Diese »mystische«

---

[5] M. Frank, *Das Problem »Zeit« in der deutschen Romantik. Zeit-
bewußtsein und Bewußtseins von Zeitlichkeit in der Frühromantischen
Philosophie und in Tiecks Dichtung*, Paderborn 1990, 160.
[6] »Zum Raum wird hier die Zeit«, singt Gurnemanz (1. Aufzug).
[7] Frank, *Das Problem »Zeit in der deutschen Romantik*, a. a. O., 167.

Denkform ist, wie gesagt, nicht auf Indien beschränkt, sie ist biblisch (Psalm 90) und neuplatonisch über den Renaissance-Philosophen Nikolaus von Kues, aber auch über die dominikanische Mystik (Eckhart), Luther, Jakob Böhme, die Romantik usw. bis in die Gegenwart vermittelt.

Wie auch immer Zeit erfahren wird: Lebewesen sind endlich. Menschen wissen es, und dieses Wissen erhebt das Denken in gewisser Hinsicht über Zeit und Endlichkeit, denn die denkende Imagination ermöglicht Erwartung und Hoffnung über die jeweilige Gegenwart hinaus. Hoffnung ist Ausdruck des Kreativen im Menschen, der sich über seine als ungenügend erlebte Gegenwart erhebt. Hoffnung überbrückt den Graben von Wirklichkeit und Anspruch, von Sein und Sollen. Für Kant lag hier eine wesentliche Wurzel der Religion. Hoffnung vertröstet also nicht auf die Zukunft, sondern sie erlaubt, die Gegenwart in ihrer Veränderbarkeit wahrzunehmen und eventuell einen Fortschritt zu gewinnen. Denn die Gegenwart hat keine Ausdehnung. Die Sichtweise auf das Vergangene prägt das in der Zukunft Erwartete. Und das zukünftig Erwartete lässt uns die gegenwärtige Vergangenheit unterschiedlich erscheinen.

Wie also ist Zukunft denkbar? Was können Erwartungen, die zum Menschen gehören, im jeweiligen »Zeitrahmen« (ein räumlicher Begriff!) bewirken?

Wenn wir in der Zukunft Erwartetes denken, ist es gegenwärtig: eine gegenwärtige Zukunft. Nur in der Gegenwart also *haben* wir eine Zukunft. Wenn wir diesen Gedanken aussprechen, ist der Inhalt aber bereits Vergangenheit.

Menschliches Handeln

Die Motivation zum Handeln ist geprägt von Erwartungen, d.h. von dem vorweggenommenen Resultat. Insofern die Handlung wirkt, wird ein Fortschritt über das Gegenwärtige hinaus erwartet. Was Menschen zukünftig widerfahren wird, kann inhaltlich nicht beantwortet werden, weil Zukunft offen ist; insofern aber menschliches Handeln Resultate zeitigt, wird das, was sich ereignen kann, wesentlich von menschlichem Handeln geprägt und von den Motivationen, die das Handeln beeinflussen.

Das Problem des »Fortschrittsdenkens« hängt zusammen mit der Gewichtung, die den Möglichkeiten des menschlichen Handelns in der Geschichte gegeben wird, mit dem Problem der Freiheit also: Ist alles von Gott oder einem Weltgesetz determiniert, läuft die Weltenuhr gesetzmäßig ab, so gibt es keinen durch menschliches Handeln bestimmten Fortschritt im Sinne des modernen Pathos dieses Begriffs. Der Fortgang der Geschichte kann zwar entweder zum Heil oder zur Katastrophe sein, aber der Mensch ist diesen Prozessen ausgesetzt. Erst, wo der Mensch zum Subjekt seiner eigenen Geschichte wird, ist der Übergang vom Fort*gang* zum Fort*schritt* vollzogen.

Die heutige Problematisierung des europäisch-amerikanischen Fortschrittspathos hängt mit zweierlei zusammen: Erstens mit den *Verunsicherungen* durch die von Europa und Amerika ausgehenden historischen Desaster des 20. Jahrhunderts (1. und 2. Weltkrieg, Holocaust, Hiroshima, Vietnamkrieg, Golfkriege), deren Namen als Symbole des Grauens bzw. menschlichen Versagens verstanden werden, zweitens mit den *Erkenntnissen* bezüglich der begrenzten Ressourcen der Erde für die Grundlage des ökonomischen Wachstums (Tschernobyl, Fukushima und Klimawandel). Die Parameter der Bevölkerungsstatistik, der Arbeitslosenstatistik, der klimatologischen Messskalen, der Rohstoffbilanzen, des Schwundes der Artenvielfalt usw. zeigen ein Ende des Wachstums an, ein Ende der unaufhörlich fließenden Zeit, jedenfalls so, wie wir Zeit in den letzten 250 Jahren erlebt haben: als Fortschritt an Erfreulichem und Machbarem, bei allem Negativen und Entsetzlichem. Und dieses »Ende« lässt viele Menschen die Flucht nach vorn antreten in die raumzeitliche Utopie. Die Startlinie in die Zukunft wird damit anders markiert als zu Beginn des 20. Jahrhunderts, wo der Fortschritt und der Mythos einer Aufwärtsspirale noch nicht ernsthaft in Frage gestellt wurden, jedenfalls nicht bis zum Schicksalsdatum 1914.

Apokalyptik und Utopie

Die europäische Entwicklung ist geprägt von zwei mythischen Zugängen zur Zeit, und beide prägen bis heute (bewußt oder unbewußt) das europäische Denken ganz erheblich, im Unterschied etwa zu chinesischen oder indischen Denkformen: *apokalyptisches Denken* und die *Utopie*. Die jüdische *Apokalyptik* war die Erwartung der Vollendung der Geschichte durch Gott am Ende der Zeit, im Zusammenhang mit dem iranischen Dualismus metaphysisch interpretiert: nach einem Untergang des Bestehenden sollte ein messianisches Reich des Friedens und der Gerechtigkeit unter der Herrschaft Gottes kommen. Doch dies war kein »Fortschritt«, denn Subjekt dieser Geschichte war Gott, der Mensch hätte die Ereignisse allenfalls befördern oder verzögern können durch ein gottgemäßes bzw. gesetzwidriges Verhalten. Gleichwohl war mit dieser Denkform ein Zeitpfeil in die Geschichte eingezogen. Das frühe Christentum lebt in dieser Erwartung der nahenden Endzeit, fügt aber eine eigentümliche Spannung von Erfüllung (die Endzeit ist mit Christus schon gekommen) und Erwartung des Kommenden (die Wiederkehr Christi, die das Neue endgültig bringen wird) hinzu. Seit dem 2. Jahrhundert wurde diese Zukunftserwartung ontologisiert bzw. platonisiert, d.h. in ein Jenseits zur Gegenwart verlegt: Die Neue Qualität wird nicht in Zukunft kommen, sondern ist, kirchlich vermittelt, in den Sakramenten verfügbar bzw. in der geistigen Erfahrung des mystischen Aufschwungs für jeden Einzelnen im Prinzip erlebbar. So bilden sich angesichts des Nicht-Eintritts der Wiederkunft Christi die zwei Lebensformen heraus, die das gesamte Mittelalter prägten: die kirchliche Heilsvermittlung im Ritual und mystische Teilhabe an dem unwandelbaren Jenseitigen. Diese Konstellation ist für unsere Fragestellung von Interesse: Im Ritual wird das, was von der Zukunft erwartet wird, vergegenwärtigt als Zielpunkt der Sehnsucht, der Motivation und des Handelns. Dies ist eine Ressource, die Mut zum Handeln generiert, obwohl das Ziel (noch) unerreichbar ist. Das Ritual dieser Art kann Gesellschaften prägen und motivieren, also eine politisch wirkende Utopie bereitstellen, ohne in den Zwang der Ideologie zu entarten!

Utopien entstehen aus der Differenz von Anspruch und Wirklichkeit. Sie kommen zumindest strukturell in allen Kulturen vor, sind also – anders als die Apokalyptik – nicht kulturspezifisch. Drei Typen von Utopien können unterschieden werden: räumliche, zeitliche, bewusstseinsmäßige. *Räumliche Utopien* erwarten die Vollendung der Hoffnung in räumlich fernen Gefilden (Atlantis, »das Land wo Milch und Honig fließt«, El Dorado, Shambhala, die Insel der Seligen usw.); sie wurden obsolet, als es keine weißen Flecken mehr auf der Landkarte gab und mussten darum im 20. Jahrhundert in extra-terrestrische Regionen des Universums ausgelagert werden (Star Wars usw.). *Zeitliche Utopien* verlegen die Vollendung an den Anfang (Goldenes Zeitalter) oder das Ende (Tausendjähriges Reich, kommunistische Gesellschaft) der Geschichte; sie verblassten, als die immer wieder angekündigte Erfüllung ausblieb. *Bewusstseinsutopien* verlegen die Verwandlung der Welt in das Bewusstsein des Menschen (die israelitischen Propheten, Buddha, Jesus, in gewisser Weise Konfuzius, moderne New Age Bewegungen); ihre Wirkung wird angesichts des Übels in der Welt in Frage gestellt.

In der Geschichte verbinden sich diese Typen miteinander. Das westliche Fortschrittsdenken beruht auf einer besonderen Verbindung von apokalyptischen und utopischen Modellen.

2.3 Historische Entwicklungen

Renaissance

In der Renaissance wird der Fortgang in der Geschichte zum *Fortschritt*, insofern der Mensch als Subjekt des Handelns immer markanter an die Stelle Gottes tritt. Es ist die Verbindung des Selbstbewusstseins des schöpferischen Individuums mit der quantitativ messbaren Zeit (Erfindung der modernen Uhr), die ein von Naturerfahrung unabhängiges Maß für die Tätigkeit liefert. Die in der Gotik vorbereitete abstrakte Zeitmessung führt zu einem gleichmäßig gegliederten und gerichteten Zeitbewusstsein, das der Mensch nicht nur erkennen, sondern *gestalten* kann. Daraus entwickelt sich das neue Verhältnis zur Welt in Naturwissenschaft und Technik, die wiederum die Wirtschaft revolutionieren: Tätigkeit durch Nutzung der gegliederten Zeit führt zu sozialer Strukturierung und Wohlstand. Damit verbindet sich eine Ausdifferenzierung sozialer Schichten mit unterschiedlichen Werten und Zeitgebern: Kirche, Adel, Zünfte (beginnendes Bürgertum) haben nicht in gleicher Weise an diesem neuen Lebensgefühl Anteil. Außerdem macht die Differenz von Stadt und Land die Neuheit des Neuen bewusst. Dieses Lebensgefühl besteht in einem Bekenntnis zur Gegenwart. Man träumt sich nicht in die Vergangenheit der Antike, sondern erfährt ihre schöpferischen Impulse als Energie, die der Gegenwart in der Selbstgestaltung des Individuums durch Kreativität immer neu zugeführt wird. Für den Renaissance-Menschen hat das gegenwärtig Geformte eine höhere Legitimität als das in der Vergangenheit Akkumulierte (Tradition) oder das von der Zukunft Erhoffte. Jeder Einzelne ist sich selbst die Mitte der Welt, wie an der Erfindung der Perspektive evident wird. Die eigene Schrift, nicht mehr der Kommentar, wird zur literarischen Form. In der Forschung zählt die selbst erkannte Evidenz. Der Mensch, so schreibt Pico della Mirandola, ist von Gott in die »Mitte der Welt« gestellt, so dass er nun »über sich selbst beschließen« kann. *Nicht mehr der Mythos ent-deckt dem Menschen das Geheimnis der Welt, sondern der Welt-entdeckende Mensch gestaltet seinen eigenen Mythos!*

Dies führt auch zur räumlichen Entgrenzung: Der Renaissance-Mensch ist Kosmopolit (Dante: »Meine Heimat ist die Welt überhaupt.«) Man will die Welt als Ganze erkennen, ist überall zu Hause, wo Wissenschaft und freie Kunst blühen (Erasmus) und leitet aus der Anthropozentrik der Perspektive den Willen zum geschichtlichen Handeln ab! Der Fort*gang* der Geschichte ist nicht mehr eine Sache von Gottes Plan, sondern wird als Fort*schritt* dem Menschen in die Hände gelegt und das bedeutet nun: Nicht die Einordnung in den ewigen Rahmen der im Prinzip bekannten göttlichen Ordnung, sondern die Abweichung, die *neue* Erkenntnis, die Unterscheidung wird zu einem hohen Wert, der im Mittelalter als Sünde gebrandmarkt worden wäre.[8]

Wie konnte es zu dieser von den oberitalienischen Städten ausgehenden, dann aber fast zeitgleich in ganz Mitteleuropa sich formierenden neuen Lebenshaltung kommen? Viele Faktoren spielen zusammen, einige seien erwähnt, weil sie, im interkulturellen Spiegel, markant Eigenes der europäischen Entwicklung signalisieren:

a. Europa lebt in einer exzentrischen Identität.[9] Das eigene Identitätszentrum (das antike Athen, das hellenistische Jerusalem) liegt außerhalb des geographischen und politischen Bereiches des mittelalterlichen Europa. Sprachlich muss dieses »Eigene« in einer besonderen Bildungsanstrengung zunächst als Fremdes wahrgenommen und sodann angeeignet werden – die »klassischen« Sprachen

---

[8] Dies wurde vor allem an der Kleiderordnung sichtbar. Um 1390 habe es, so J. Burckhardt, in Florenz keine normative männliche Mode mehr gegeben.

[9] Vgl. R. Brague, *Europa – seine Kultur, seine Barbarei: Exzentrische Identität und römische Sekundarität*, Wiesbaden 2012.

(Latein und Griechisch) und Schriftsteller sind das »Andere«, das zugleich das zu erstrebende Eigene ist.

b. Man muss also das Eigene außen suchen. Dies setzt eine Unruhe und Bewegung in der europäischen Entwicklung frei, die – zumindest in diesem Maße – in anderen Kulturen so nicht wirksam ist.[10]

c. Von den Kreuzzügen über Kolumbus und die Renaissance bis zu späteren imperialen Weltkonstruktionen der Europäer steht hinter allem politischen Kalkül, wirtschaftlichem Interesse und religiösem Anspruch (bzw. Wahn) auch eine Sehnsucht nach den Ursprüngen der eigenen Identität, ein Aufbruch zu den Quellen, die als *zukünftige* Möglichkeit der gesellschaftlichen Gestaltung in Anspruch genommen werden.

d. Dies wiederum ist die Grundlage für den impliziten und expliziten Kosmopolitismus der europäischen Identität. Er ist metaphysisch begründet in der allumfassenden Einheit der von einem Gott geschaffenen Welt bzw. der Makellosigkeit der reinen platonischen Form. Von Tertullians *anima naturaliter Christiana* (2. Jh.) bis zu Dantes Weltbürgertum (13./14. Jh.) und der Einheits-Metaphysik der Romantiker und Hegels (19. Jh.) zieht sich dieses Leitmotiv durch die europäische Geschichte. Diese Vision politisch umzusetzen, war schon Platon nicht vergönnt; aber der Versuch ist ein europäischer Impuls geblieben. Der spanisch-portugiesische Imperialismus des 16. Jahrhunderts und der spätere französische Kolonialismus (weniger der britische) waren von dieser »Kulturmission« inspiriert, und die beachtlichen zeitweiligen Erfolge bei der

---

[10] Vielleicht mit der bemerkenswerten Ausnahme der chinesischen Pilger wie Xuanzang (602–664), die zu den »Ursprüngen« nach Indien pilgerten, worin ihnen später die Japaner folgten, die nach China gingen; aber dies blieb auf die Buddhisten beschränkt und hat nie das »Zentralbewusstsein« des »Reiches der Mitte« in Frage gestellt.

Umsetzung dieser Idee im 19. Jahrhundert haben das geschichtliche Fortschrittsdenken wesentlich bestärkt.

e. Bereits in der Renaissance setzt ein, was wir die »Freiheit vom Zwang des Zeitdrucks« nennen können, zunächst als Vision, dann als soziale Realität für immer breitere Schichten. Anfang des 16. Jahrhunderts träumt Thomas Morus in seiner »Utopia« vom 6-Stunden-Arbeitstag, und in Campanellas »Sonnenstaat« von 1602 wird dieser gar auf 4 Stunden Arbeitszeit reduziert. Die restliche Zeit soll der *freien* Bildung von Geist und Körper dienen, nicht etwa dem Müßiggang. Die Freiheit von der reinen Erwerbsarbeit ist Voraussetzung für die Entfaltung des individuellen Genies.

f. Individualität, Kraft, Ruhm, Mut auch zum Außenseitertum (Leonardo da Vinci) werden zu höchsten Werten. Die Trennung von Religion und Staat sowie Religion und Wissenschaft, die Pluralität in der Wissensbildung, die miteinander konkurrierenden oberitalienischen Stadtstaaten, die Differenz der Konfessionen, die Integration neuen Wissens, wo immer es herkommt, der Mut zum Experiment sorgen für eine Offenheit in der Gesellschaft, die es zuvor so nicht gegeben hatte. Differenz und Vielheit werden zum prägenden Lebensgefühl, was enorme kreative Kräfte freisetzt. Der Mut zur Abweichung von kirchlich wie politisch durchgesetzten Normen ist nun nicht mehr suizidal, sondern kann in der Nachbarstadt oder im Nachbarstaat ohne Gefahr für Leib und Leben ausgelebt werden. Dissidenten (in Wissenschaft, Wirtschaft, Politik) können emigrieren, Europas Vielfalt wird zu einer Lebensgrundlage für Menschen, die gegen den Strom schwimmen, und genau diese Vielfalt ist es, die bis heute Europas Stärke ausmacht: Konkurrenz und Kooperation erzeugen in ihrer Spannung eine Dynamik, die beispiellos im Blick auf andere Kulturen war (und ist?). Aber dies gilt nicht nur für den Raum, sondern auch für die neue Wahr-

nehmung von Zeit: Petrarca beklagt weniger die gleichmäßig ablaufende und vergehende Uhrzeit, sondern be-
singt die subjektive Zeit. Es geht nicht mehr um den vergänglichen Zeitraum, der durchlaufen wird, sondern um
die Raum-Zeit, die von jedem einzelnen Menschen mit
unendlicher Bedeutung gefüllt werden kann.

g. Damit verbunden ist eine Dynamisierung der Zeit, es
kommt zu einem neuen »Morgen der Welt« (Bernd Ro-
eck). Trotz des Konservatismus der Reformation setzt sich
diese Dynamisierung bei Luther und Calvin fort, weil das
Individuum zwar nicht von der Religion, wohl aber religiös befreit wird. Die Reformation vermittelt das »Renais-
sancegefühl« an die Massen, vor allem durch die nun
möglich werdende Bildung mit der Errichtung eines all-
gemeinen Schulwesens und der Betonung des *individuellen* Glaubens und Gewissens. Bei Calvin kommt die Idee
hinzu, dass das Reich Gottes kontinuierlich in der Geschichte wachse. Seine Prädestinationslehre bewirkt, dass
Erwählung »messbar« wird, und zwar am Erfolg der Leistung, die geschichtliches Handeln freisetzt. Folgerichtig
verbietet Calvin in seinem Herrschaftsgebiet jegliche
(apokalyptischen) Zukunftserwartungen, weil sich im ge-
schichtlich-politisch-ökonomischen Fortschritt der göttliche Vorsehungswille realisiere. Diese Vorstellungen haben, wie Max Weber gesehen hat, auf den Pietismus und
die Leistungsbereitschaft der Generationen, die die Erste
industrielle Revolution trugen, eingewirkt.

Aufklärung

Der Renaissance-Mensch ist noch in einen religiösen Kosmos
eingebunden, er sucht – platonisch – die Macht Gottes in der
Einheit und Schönheit der Natur (Johannes Kepler, Giordano
Bruno) und bleibt weitgehend der dualistischen christlich-
kirchlichen Metaphysik verpflichtet, die vom Weltgericht
am Ende der Zeit spricht (Dante). Die Aufklärung entklerika-

lisiert das gewachsene Weltbild geistes- und politikgeschicht-
lich. Es ist die Vernunft, die das *Humanum* begründet, das
keine politischen oder religiösen Grenzen kennt. Sie setzt
auf den freien Vernunftgebrauch des Menschen, der jedem
durch Bildung (Lessing, Schiller, Kant) ermöglicht werden
soll. Das Pathos der Französischen Revolution spricht von
einem neuen Zeitalter, ja einer neuen Zeitrechnung. Fortschritt ist Freiheit und »Ausgang aus der Unmündigkeit«.
Während in Frankreich bereits Ende des 18. Jahrhunderts
dieser Satz das Lebensgefühl bestimmt, wird er in Deutschland erst um 1830 zum »Weltgefühl«. Trotz der Jahrhunderte
langen Prägung durch ein pessimistisches christliches Men-
schenbild (Erbsünde), das aber, wie gesagt, in der Mystik be-
wusstseinstransformierend, im Calvinismus gesellschaftsfor-
mend bereits revolutioniert worden war, bildet sich ein
Zukunftsoptimismus heraus, der sich durch die rasanten na-
turwissenschaftlichen, medizinischen und sozialen Entwicklungen bestätigt weiss. Es entstehen neue Geschichtskonzep-
tionen, die die christliche Eschatologie ersetzen. Als Beispiel
sei Beethoven angeführt: Nicht nur in der 9. Sinfonie werden
mit Schillers »Ode an die Freude« das Schönheits-, Wahr-
heits-, und Freiheits-Ideal verschmolzen, um die Humanisie-
rung des Menschen zu befördern, sondern auch im »Fidelio«
setzt Beethoven die individuelle Geistesformung durch das
Edle im Menschen und die gesellschaftliche Transformation
aus der Unfreiheit, die im »Ausstieg aus dem Kerker« gipfelt,
in wechselseitige Beziehung. Man kann zu Recht sagen, dass
Beethoven hier »das Bekenntnis zu einem Zukunftsbild der
Befreiung des Menschen aus den Fesseln der Ichsucht und
Ausbeutung« ablegt.[11] Diese Veränderungen kulminieren in

---

[11] Diese treffliche Formulierung entnehme ich dem Opernführer Karl
Krauses, dem Klassiker auf diesem Gebiet: *Oper von A-Z. Ein Hand-
buch*, Leipzig 1962 (3. Aufl.), 36. Lange also bevor der Buddhismus die
Intellektuellen Europas zu faszinieren begann, ist hier die Rede von der

Hegels Geschichtsphilosophie. Hier werden Geist, Recht und Wirtschaft verschmolzen zu einer »innerweltlichen Heilsgeschichte«, die im Staat Preußen Erfüllung finden soll. Der Geschichtsablauf *ist* die göttliche Logik als Selbstentfaltung des Geistes, d. h. was bisher in Weltliches und Überweltliches (der platonische Gegensatz) getrennt war, wird als ein einziges Geschehen betrachtet. Bei Hegel allerdings scheint keine weitere Entwicklung möglich zu sein, er kann keinen offenen Fortschritt denken. So ist Hegel einerseits Voraussetzung für das Fortschrittsdenken (in Deutschland), andererseits dessen Widerpart.

19. Jahrhundert

Zunächst im französischen »progrès«, dann im deutschen »Fortschritt« werden die Traditionen der Französischen Revolution ungebrochen fortgeführt. 1797 hatte Condorcet neun Stufen des »progrès de l'esprit humain« unterschieden, im Unterschied zu Rousseaus »romantischer« Rückwärtsorientierung und Voltaires Skeptizismus, und diese Anschauung findet ihren Widerhall bei Saint-Simon und Comte. Man fühlt sich als Speerspitze einer liberal-fortschrittlichen Gesinnung und Entwicklung, die in andere Länder zu exportieren sei – zunächst innerhalb Europas (Napoleon), dann auf die gesamte Welt bezogen. In Deutschland bleibt diese Gesinnung allerdings auf das gebildete Bürgertum beschränkt. (Man denke an die Anekdote, nach der Hegel den Einzug Napoleons durchs Fernrohr beobachten will, weil er in ihm den Vollstrecker des Weltgeistes sieht, aber gleichzeitig in Furcht vor der Aggression in Deckung bleibt.) Der hier prophezeite Fortschritt basiert auf der Gesetzmäßigkeit der Weltordnung, die erkannt werden kann, und auf der Erziehbarkeit des Menschen (Lessing, Schiller), die in der Vernunftbegabung be-

---

Gleichzeitigkeit individueller wie kollektiver Transformation, und das wird goutiert sogar in einem in der DDR erschienenen Werk.

gründet ist. Fortschritt ist nicht nur eine quantitative Größe, die etwa in der (kolonialen) Ausdehnung des Raumes messbar wäre, sondern die Qualität der Intensivierung der Bewirtschaftung. Die entsprechenden Erfahrungen bei der Produktion in der Landwirtschaft sowie von Konsumgütern, in der Medizin und auch in der Kunst (der »Fortschritt« vom barocken polyphonen Satz im Barock und dem strengen Sonaten-Hauptsatz in der Wiener Klassik zur Übereinander-Lagerung von harmonikalen und klangfarblichen Strukturen in der Intensität des romantischen Klanggebildes) verbinden sich mit dem klassischen utopischen Denken zu einer Gesellschaftslehre, die als »utopischer Sozialismus« (Proudhon, Fourier) bekannt geworden ist, von der auch Marx beeinflusst ist, wenn er ihn auch politisch kritisiert. Die technische Entwicklung war im Bewusstsein der Zeitgenossen eher Folge als Ausgangspunkt des Fortschrittsdenkens: Interessanterweise kommt erst 1842 bei Etienne Cabet der Technik in Gestalt der Dampfmaschine eine politisch-revolutionäre Bedeutung zu, denn die Dampfkraft werde »die Aristokratie in die Luft sprengen«.[12]

1859 veröffentlichte Darwin seine Evolutionstheorie, die auf der biologischen Entwicklung des zeitlichen Nacheinanders der Arten beruht. Fortschritt ist demnach zweckmäßige Anpassung. Zweck ist durch das definiert, was der Erhaltung und Vermehrung der Art dient. Der Darwinismus behauptet sich als empirisch gesicherte und rational beweisbare Theorie, und das unterscheidet ihn von Hegels spekulativem Entwicklungssystem des Geistes. Außerdem kennt Darwin keine Teleologie, sondern kausale Kombinationen von Zufall (Mutation) und Auswahl (Selektion). Der gesamte Prozess

---

[12] Diese Verknüpfung wurde später von Lenin in einer Formulierung aufgenommen, wonach der Kommunismus in der Verbindung von »Sowjetmacht plus Elektrifizierung« bestünde.

ist ohne Ziel, und Veränderungen sind nur einzelne Verbesserungen im Sinne des genannten Zwecks.

Besonders in Deutschland verlief die Entwicklung zum Evolutionsdenken in der Geschichte und der Idee des Fortschritts keineswegs geradlinig und unwidersprochen. Die Romantik (bis hin zum Gesamttheater Wagners), die Naturphilosophie Schellings, das Erbe Schleiermachers und die Geschichtsphilosophie eines Leopold von Ranke in der Mitte des 19. Jahrhunderts zeigen, dass weite Kreise von Intellektuellen und Künstlern anders dachten und empfanden. Ranke betrachtet die Einzelphänomene in der Geschichte und misst ihnen individuelle Bedeutung zu, sie seien »unmittelbar zu Gott« und gerade nicht in einem Evolutionsschema zu interpretieren.

Freilich hielt das den Trend nicht auf: Durch die industrielle Massenfertigung verbilligten sich die Produkte und »demokratisierten« den Konsum.[13] Die Zeit als quantifizierbare Arbeits- und Verdienstzeit wird ein kommerzialisierbares Gut. Durch die Beschleunigung der neuen Verkehrsmittel (Eisenbahn) und die damit notwendige Synchronisierung individueller Lebens- und Zeitstile (Pünktlichkeit) wird das Zeitbewusstsein verinnerlicht (Redewendungen »pünktlich wie die Eisenbahn«, »es ist höchste Eisenbahn« kommen auf).[14] Die Massenpresse vergleichzeitigt die räumlich entfernt liegenden Ereignisse in der Welt. Um einheitliche Fahrpläne für das Eisenbahnnetz erstellen zu können, wird erst in der 2. Hälfte des 19. Jahrhunderts in England, in Frankreich erst zu Beginn des 20. Jahrhunderts, eine Standardzeit eingeführt, die einen einheitlichen kollektiven Zeit-Raum schafft, Lebensrhythmen der Menschen werden synchronisiert, und

---

[13] In den USA sinkt der Preis für eine Taschenuhr um weniger als den Tagesverdienst eines Arbeiters – 1 $ Preis bei 1,50 $ Lohn, und dies geschieht mit Zeitverzögerung auch in Europa.
[14] Vgl. H. Rosa, *Beschleunigung. Die Veränderung der Zeitstrukturen in der Moderne*, Frankfurt a. M. 2005.

das ist eine wesentliche Voraussetzung für das tatsächliche Erleben von »Gesellschaft«. Die täglichen Nachrichten schalten die Raumdistanz aus, d. h. man wird, die Zeitung lesend, bewusstseinsmäßig omnipräsent. Die universale Perspektive schafft sich als fiktive Konstruktion Raum im Lesesessel, und die Erfindung der Telegrafie verstärkt die Raum-Zeit-Komprimierung. Durch diese Beschleunigung des Lebensgefühls entsteht die Metapher vom »rasenden Zug der Zeit«, die nicht mehr nur ihren Fortgang nimmt, sondern einen vom Menschen geschaffenen Fortschritt anzeigt. Die rasende Zeit macht das unwiederbringliche Vergehen jedes Augenblicks tragisch bewusst, wovon die Poesie Baudelaires geprägt ist. Das Zeit- und Fortschrittsbewusstsein ist aber sozial bestimmt. Dies findet in der Literatur ein entsprechendes Echo: So steht Flauberts Zeitpessimismus der Erwartung Zolas gegenüber, der hofft, dass die Entwicklung den aufstrebenden sozialen Schichten neue Chancen bietet. Marx und Engels agitieren, dass das wissenschaftliche Fortschrittsbewusstsein die proletarischen Massen ergreifen müsse.

Am Marxismus lässt sich ein Grundwiderspruch des Fortschrittsdenkens in der Geschichte besonders klar zeigen: Marx und Darwin stimmen darin überein, dass beide nach naturgesetzlicher Notwendigkeit in geschichtlichen Prozessen fragen. So formuliert Engels in der Grabrede für Marx, Darwin habe das Gesetz der Entwicklung der organischen Natur, Marx das Entwicklungsgesetz der menschlichen Geschichte entdeckt. Für Marx geht das »Reich der Notwendigkeit« in das »Reich der Freiheit« über, die Geschichte hat also ein Ziel – das ist sein jüdisch-christlich-apokalyptisches Erbe und besagt etwas anderes als Darwins Theorie. Ist dies aber ein notwendig sich vollziehender, objektiver (naturgesetzlicher) Ablauf, oder muss der Mensch *handeln*, damit sich Fortschritt ereignet? Marx sieht den Fortschritt der Produktionsmittel (Technik) in Kontinuität mit dem Fortschritt in der »natürlichen Technologie«, die die Evolution in der Anpassung der Arten unter Selektionsdruck hervorbringt, und er sieht wohl im Klassenkampf eine Parallele zum Selektionsdruck. Aber der Klassenkampf vollzieht sich nicht von allein, er muss gewollt, organisiert und pragmatisiert werden. Durch Agitation müssen die Massen klassenkämpferisch motiviert werden. Die berühmte Feuerbach-These besagt, es komme nicht mehr allein darauf an die Welt zu interpretieren, sondern sie zu verändern. Der Mensch also ist Subjekt seines Geschicks, gesellschaftlich wie individuell. Fortschritt ist demnach die Folge menschlichen Handelns, das sich allerdings an den Gesetzmäßigkeiten zu orientieren habe, wie sie der Historische Materialismus erkennen würde, wobei im Prinzip das geschichts-evolutionistische Schema Hegels gültig bleibt.

Wie bereits angedeutet, steht eine breite Front von Intellektuellen und Künstlern besonders seit Mitte des 19. Jahrhunderts im Widerspruch zu dem wissenschaftlich-technisch-gesellschaftlichem Fortschrittsdenken, und das keineswegs nur in Deutschland, sondern auch in Frankreich und den USA.[15] Hier werden Orientierung an der Zeitlosigkeit der Mythen, die Langsamkeit des Beschauens und die »stehende Zeit« zum höchsten Gut stilisiert. Richard Wagners Triumphe beruhen auch darauf, dass seine »Kunstreligion« eine Rebellion gegen den technisierten Zeitgeist ist, der Wagner-Rausch gerade in den USA war und ist ein (gewolltes oder unbewusst gesuchtes) Gegengewicht gegen das Fortschrittsdenken. Nicht nur die Themen der Wagner'schen »Bühnenweihen«, sondern auch der musikalische Duktus machen dies deutlich: in Wagners Musik scheint die Zeit zu stehen, die Übergänge sind endlos lang und oft kaum be-

---

[15] Für die USA seien nur die New England Transcendentalists um Thoreau und Emerson erwähnt, für Frankreich der junge Claude Lévi-Strauss mit seiner berühmten und viel beachteten Rede »La crise du progrès« von 1935. (E. Loyer, *Lévi-Strauss. Eine Biographie*, Berlin 2017, 203)

merkbar, es gibt kein »Fortschreiten«, sondern die überzeitliche Wahrheit *offenbart* sich in der ent-zeitlichten musikalischen Figuration. »Zum Raum wird hier die Zeit«, heißt es im »Parsifal«. Eine interessante Sonderstellung nimmt Friedrich Nietzsche ein: Er will, so scheint es, die beiden geistigen Strömungen der mechanisch-zeitlichen und platonisch-überzeitlichen Denkformen verbinden, um sowohl die »Sklavenmentalität« des Christentums als auch die Heuchelei der bürgerlichen Kultur zu überwinden. Und er verweist damit in Richtung einer interkulturellen Perspektive, die im 20. Jahrhundert unter der Metapher der »Begegnung von Ost und West« vielfach fruchtbar werden sollte (H. Hesse, C. G. Jung, J. Gebser, D. Bonhoeffer, C. F. v. Weizsäcker u. a.):

»Ich imaginiere zukünftige Denker, in denen sich die europäisch-amerikanische Rastlosigkeit mit der hundertfach vererbten asiatischen Beschaulichkeit verbindet: eine solche Combination bringt das Welträtsel zur Lösung.«[16]

Auch bei Nietzsche wird deutlich, dass eine Zukunft als Fortschritt geschaut wird, die sich dem Heutigen gegenüber verhält wie die »Lösung« zum »Problem«. Die Weltkriege des 20. Jahrhunderts und das Bewusstsein der ökologischen, demographischen und sonstigen Krisen haben das Problembewusstsein eher verschärft. Die Alternative von Oswald Spenglers »Untergang des Abendlandes« (1918–22) einerseits und Jean Gebsers »Bewusstseinswandel« (vgl. sein Hauptwerk »Ursprung und Gegenwart«, 1949) andererseits ist akut geblieben und hat zumindest in Europa (weniger, aber auch in den USA) breite Bevölkerungskreise von einem ungebrochenen Fortschrittsmythos entfremdet. Während Spengler die Kulturen als Organismen verstehen wollte, die dem Zyklus von Werden und Vergehen unterlägen und somit einander ablösten, versuchte Gebser, eine kulturübergreifen-

---

[16] F. Nietzsche, *Nachgelassene Fragmente Nr. 17* (1873), in: Colli/Montinari (Hg.), *KSA*, Bd. III,4, Berlin 1978, 402.

de Bewusstseinsevolution zu entdecken und interdisziplinär zu beschreiben. Die Krise sieht er weniger als Ankündigung eines Endes, sondern als Eintritt in eine neue Bewusstseinsstufe des a-perspektivischen, diaphanen Bewusstseins, das die rationale Bewusstseinsform ablösen würde. Gebser glaubte, dass sich dieses Bewusstsein in den jüngsten Entwicklungen der Kunst (Picasso, Atonalität), der Philosophie (Symbolismus und Mythostheorien) und der Kultur (Begegnung mit Asien) dokumentiere. Die Triebkraft dieses Fortschritts ist also eine Bewusstseinsevolution, die sich epochal darstellt.

Allerdings ist der zivilisatorische Fortschritt im 20. Jahrhundert nicht nur in Europa angesichts des technologisch perfektionierten Massenmordes in den Weltkriegen, der Diktaturen und des Rückfalls in nationalistisch-rassistische Denkformen mit guten Gründen in Frage gestellt worden. Gleichwohl liegen zumindest die Antriebskräfte des Fortschrittsdenkens den ökonomischen Prinzipien der Volkswirtschaften wie der Weltwirtschaft nach wie vor zugrunde. Damit ist das europäische Fortschrittsdenken global wirksam, auch wenn es kulturell bestritten oder im Namen von »asiatischen Werten«, »islamischer Sharia« oder anderer kulureller Wertegeber angegriffen wird. Es stellt sich die Frage, ob und wie in anderen Kulturen die Subjekthaftigkeit des Menschen in Bezug auf seine eigene Geschichte begriffen, gedeutet und religiös symbolisiert wird. Die Frage ist umso interessanter, als geprüft werden kann und muss, wie die europäischen Erfahrungen in diesen kulturellen Selbstfindungsprozessen reflektiert werden.

2.4 Zusammenfassende Thesen

1. Das Fortschrittsdenken Europas und Amerikas ist das Resultat geschichtlicher Prozesse, die mit der Spezifik des europäischen Zeitbewusstseins und der geschichtlichen

Entwicklung zu tun haben. Dabei handelt es sich also keineswegs um eine Universalie. Gleichwohl hat diese europäisch-amerikanische Denkform die ganze Welt durchdrungen und dort nicht nur markante kulturelle Spuren hinterlassen, sondern das Lebensgefühl politisch und wirtschaftlich mitgeprägt.

2. Das Fortschrittsdenken kann als die »Säkularisierung« von Utopien aufgefasst werden, wie sie in der Religionsgeschichte Europas durch die jüdische Apokalyptik und die christliche Eschatologie mit geformt wurden. Apokalyptische Denkformen haben sich, auf dem Hintergrund des zarathustrischen Dualismus in Persien, auch nach Zentral- und Ostasien ausgebreitet, was z. B. im chinesischen Buddhismus und seiner politischen Geschichte nachweisbar ist (die revolutionären Weißen-Lotos-Sekten vom 12./13.–19. Jahrhundert).

3. Das Fortschrittsdenken ist eine Folge der Verbindung von Hoffnung auf Zukunft und Suche nach Gesetzmäßigkeiten und übergreifenden Zusammenhängen in der Geschichte. Es hat damit religiöse Ursprünge, konnte sich aber in Europa von denselben lösen und auf die allgemeineren Begriffe des Humanen und/oder der Vernunft stützen.

4. Das Fortschrittsdenken im 19. Jahrhundert ist Folge von sozialen Ausdifferenzierungsprozessen in der arbeitsteiligen Gesellschaft. Es ist verknüpft mit der Partizipation und Gestaltung sozialer Prozesse durch breite Schichten des Bürgertums und ist mit dem Aufstieg dieser sozialen Schicht aufs Engste verknüpft.

5. Die technologisch bedingte Beschleunigung von Verkehrs- und Kommunikationsprozessen (Dampfmaschine, Eisenbahn, ab 1812 Schnelldruckpresse, ab 1849 Telegraph, 1865 Rotationsdruckmaschinen) hat das Lebensgefühl seit der zweiten Hälfte des 19. Jahrhunderts dramatisch verändert und einen Sog des Tempos von Ereignissen

erzeugt, der zunächst als Triumph menschlicher Freiheit, seit dem 20. Jahrhundert aber zunehmend als Zwang zur Beschleunigung erlebt wird, so dass etwa seit 1970 und verstärkt seit den 90er Jahren des 20. Jahrhunderts eine neue Kultur der Langsamkeit (Slow-Food-Bewegung gegenüber Fast-Food-Ketten; Autogenes Training, der Boom asiatischer Medizin, Meditations- und Entspannungstechniken) paradoxerweise als Fortschritt erlebt wird. Die mit der neuesten Kommunikationstechnologie (Fernsehen, billige Fernreisen, Internet, Mobilfunk) verbundene Gleichzeitigkeit und Komplexität geschichtlicher Ereignisse sowie die widersprüchlichen Folgen der ökonomischen Globalisierung lassen verstärkte Zweifel an der »Steuerbarkeit« des Geschichtsverlaufs aufkommen, so dass der Mensch sich weniger als Subjekt denn als Objekt der historischen Veränderungen erfährt. Dies wird in Debatten um Künstliche Intelligenz verschärft, deren Folgen sowohl als Versklavung befürchtet als auch als Heilsversprechen für ein neues strahlendes Kapitel in der Geschichte der Menschheit gepriesen werden. Mit der negativen Bewertung des Freiheitsverlustes wird eine wesentliche Voraussetzung des Fortschrittsdenkens, das aus dem 19. Jahrhundert ererbt wurde, untergraben.

6. Die Begegnung der Kulturen ermöglicht Alternativen kultureller Wertemuster und Lebensformen. Vergleichbarkeit bewirkt, dass eigene Mängel und Sehnsüchte kompensatorisch auf andere Kulturen übertragen werden – *ex oriente lux*. Die Zeitfreiheit der buddhistischen Meditationserfahrungen, integrierte Sozialbezüge der indischen, chinesischen oder afrikanischen Großfamilie, die in lokalen Wirtschafts-Kreisläufen begründete Selbstversorgung indischer dörflicher Gesellschaften (Gandhi, E. F. Schumachers »Small is beautiful«), die »ganzheitliche Medizin« asiatischer oder afrikanischer Herkunft im Unterschied zur kaum mehr finanzierbaren Hochtechnologie-Medizin

des Westens usw. spielen bei der Suche nach rational verantworteten Alternativen zum Fortschrittsideal des Westens zunehmend eine Rolle. Dabei ist zu klären, ob und
wie Fortschritt als Freiheit bzw. Befreiung des Menschen
in anderen Kulturen gedeutet wird und inwiefern diese
Konzepte bei der Selbstidentifikation sozialer Schichten
in den Kulturen Asiens, Afrikas, Südamerikas usw. zum
Tragen kommen. Sind die aus den Religionen bekannten
Alternativen tatsächlich nur auf die religiös-kulturelle
Identitätsgebung beschränkt, oder prägen sie mehr oder
weniger auch den wirtschaftlichen und politischen Alltag
in den betreffenden Ländern? Haben sie geschichtlich
nachweisbare Auswirkungen auf die Ursprungkulturen
des westlichen Fortschrittsmythos (Europa, Amerika,
Australien)? Wie sind religionskulturell die Entwicklungen in hoch-industrialisierten Ländern zu interpretieren,
die nicht auf der europäisch-amerikanischen Mentalitäts-
geschichte gründen (China, Japan, Taiwan, Singapur, Ko-
rea, die urbanen Subkulturen Indiens, Lateinamerikas und
auch Afrikas sowie der arabischen Welt) und in diesen
Kontexten ganz neue Religionen hervorbringen, die Tradition und Moderne verbinden (in Japan z. B. Soka Gakkai,
Rissho Kosei Kai, PL-Kyodan; in Taiwan und China eso-
terisch-hypermodernistische Gruppen aller Art; in Latein-
amerika spiritualistisch-messianische Bewegungen, die
»Zungenreden« und modernste Kommunikation miteinander verbinden)?

Das Verstehen der Zeit-, Zukunfts- und Fortschrittskonzep-
tionen der gegenwärtigen Kulturen tangiert die Identität der
sozial wirkenden Gestaltungskräfte der Gegenwart in den
globalen Wechselwirkungen politischer Prozesse. Dabei kann
es nicht nur darum gehen, Idealkonzepte einander gegen-
überzustellen, sondern es müssen die tatsächlich wirkenden
Motivationsgeber und Wertestrukturen in ihrer sozialen

Differenzierung benannt werden, die in gegenseitiger Durchdringung aber auch durch Abgrenzung ein hoch komplexes
Geflecht von kultureller Dynamik erzeugen, das politisches
und ökonomisches Handeln erheblich beeinflusst.

3. Die asiatische Erfahrung

Asien ist alles andere als eine Einheit. Darum ist der geogra-
phische Begriff »Asien« religionskulturell wie auch politisch
problematisch. Die beiden großen Kultursysteme Indien und
China sind einander gegensätzlich, historisch sind sie auch als
militärische Konkurrenten aufgetreten. Das Jahrtausende
alte Band aber, das beide Kulturen miteinander verbindet, ist
der Buddhismus. Dieser hat sich zwar bei seiner Ausbreitung
nach China seit dem 2. Jahrhundert n. Chr. stark verändert,
dennoch sind über die Jahrhunderte hinweg rege Pilgerströ-
me von China nach Indien zu verzeichnen, weil man an den
ursprünglichen Quellen die authentische Form des Buddhismus studieren und denselben in China periodisch erneuern
wollte. Die Begegnungsdynamik und die Motivationslenkun-
gen zwischen beiden Kulturen sind demnach stark durch den
Buddhismus geprägt, und aus diesem Grunde verdient er hier
besondere Beachtung.

3.1 Naturverständnis und kulturelles Handeln im
Buddhismus Indiens und Chinas

Den Kreislauf des Leidens zu überwinden, ist das Ziel des
Buddhismus, und daher ist die »Natur« in sich kein höchstes
Gut. So jedenfalls glaubte man in Europa noch bis in jüngste
Zeit den Buddhismus interpretieren zu müssen. Selbst Max
Weber unterstellte, der Buddhismus könne keine Sozialethik,
geschweige denn eine Ethik gegenüber der Natur, hervor-

gebracht haben, da ja im Buddhismus das individuelle Ich geleugnet werde.[17] Diese Schlußfolgerung hat sich als Irrtum erwiesen.[18]

Wir müssen uns in der historischen Darstellung auf einige paradigmatische Entwicklungsschritte beschränken, indem wir kurz die *animistischen Grundlagen* erörtern, weil sie sowohl in Indien als auch in China die Einstellung des Buddhismus zur Umwelt bzw. Mitwelt beeinflusst haben. Sodann soll die Haltung des frühen Buddhismus skizziert werden, um drittens den Neuansatz im Mahayana in Bezug auf unser Thema diskutieren zu können. Schließlich sind einige Besonderheiten des ostasiatischen Buddhismus zu erwähnen.

Animistische Wurzeln

Der Buddhismus ist eine Reformbewegung gegenüber der priesterlichen vedischen Religion in Indien. Er fußt auch auf dem teilweise animistischen Gedankengut der Vedas, auch wenn er sich gerade gegen Einzelaspekte dieser Religion wen-

---

[17] M. Weber, *Gesammelte Aufsätze zur Religionssoziologie Bd. 2*, Tübingen 1920–1921, 229 f.
[18] Aus der umfangreichen Literatur zum Thema buddhistischer Weltgestaltung und zum Verhältnis von Buddhismus, Politik und Ökonomie/Ökologie sei exemplarische angeführt: E. Sarkisyanz, *Buddhist Backgrounds of the Burmese Revolution*, The Hague 1965; D. E. Smith, *Religion and Politics in Burma*, Princeton 1965; H. Bechert, *Buddhismus, Staat und Gesellschaft in den Ländern des Theravada-Buddhismus*, 3 Bde., Schriften des Instituts für Asienkunde in Hamburg XVII/1–3, Frankfurt/Main und Berlin 1966, 1967, 1973; G. Obeyesekere, F. Reynolds, B. L. Smith (Hrsg.), *The Two Wheels of Dhamma. Essays on the Theravada Tradition in India and Ceylon.* (American Academy of Religion Studies) Chambersburg 1972; U. Phadnis, *Religion and Politics in Sri Lanka*, London 1976; B. L. Smith (Hrsg.), *Religion and Legitimation of Power in Sri Lanka*, Chambersburg 1978; S. J. Tambiah, *World Conqueror & World Renouncer. A Study of Buddhism and Polity in Thailand against a Historical Background*, London 1977.

det. In dieser Denkform erscheinen das Geistige und die Natur zwar unterschieden, doch nicht getrennt. Ein Beispiel ist *surya*, die Sonne. Der Begriff bezeichnet sowohl die astronomische Größe als auch die Sonne als Inbegriff geistiger Klarheit. Surya ist der Sonnengott und die Sonnenscheibe, oder besser: Im Veda – wie in allen frühen Kulturen – ist die Wirklichkeit noch nicht in einen physischen und einen metaphysischen Bereich aufgespalten. Alle Wesen sind demzufolge belebt und geistig. Auch Pflanzen, Flüsse und Steine können als beseelt gelten. Dieser Sachverhalt wird meist als »Animismus« bezeichnet, und aus solchen Vorstellungen leiten sich einige merkwürdige Vorschriften in der buddhistischen Mönchsregel (*vinaya*) her: Erdboden und Gewässer dürfen nicht verunreinigt werden, weil die Erde belebt ist (Vin 4, 75, 1); Früchte sollen nur verzehrt werden, wenn sie vorher »leblos gemacht«, d. h. manuell beschädigt worden sind (Vin 2, 109), und zuvor den Samen ausgeworfen haben, damit kein Lebenskeim getötet wird. Innerhalb der Mönchsorden wurden solche Verhaltensweisen kultiviert und jahrtausendelang praktiziert. Eine solche Grundhaltung hat aber auch auf des Leben der Laien eingewirkt, d. h. vom Buddhismus geprägte Kulturen betrachten andere Lebewesen nicht als »Material«, sondern als Partner, die rituell »besänftigt« werden müssen, wenn sie im Gefolge landwirtschaftlicher oder anderer kultureller Aktivitäten des Menschen geschädigt werden.

Früher Buddhismus

Die buddhistische Kritik an der priesterlich-brahmanischen Religion brachte auch eine *Desakralisierung* der Natur mit sich, indem die hinduistischen Naturgottheiten für bedeutungsarm, ja auch ein zugrunde liegender Urgrund (*brahman*) oder eine primäre Weltseele für irreal gehalten wurden. Nichts besteht aus sich selbst oder hat ein Selbst: *anatman*. Alles ist Leiden, so lehrt der Buddha in der berühmten Predigt von Benares. Aber nicht die Dinge als solche gelten als leidvoll, auch nicht die bloße Vergänglichkeit allen Geschehens, sondern der menschliche Versuch, etwas Unveränderliches zu finden und sich daran zu klammern bzw. anzuhaften. Da dieses Anhaften letztlich misslingt, ist der Mensch unbefriedigt und wird unvermeidlich frustriert. Er erlebt *duhkha*. Man unterscheidet drei Arten von *duhkha* oder Leiden:

- Missvergnügen an Unerfreulichem (*duhkhaduhkha*)
- Leid des Kreislaufs der Geburten (*samskaraduhkha*)
- Vergänglichkeit gerade des »Erfreulichen« (*viparinama-duhkha*).

Die dritte Art betrifft das Verhältnis zur Natur, denn in ihr wird die Vergänglichkeit besonders eindringlich erfahrbar. Naturerfahrung in diesem Sinne ist Leidenserfahrung, auch Leid verursachend, insofern sich unter der tropischen Sonne Indiens Natur als heiß, wild und menschenfeindlich darstellen kann. Der Zustand der Befreiung aus dem Daseinskreislauf, *nirvana* also, kennt demzufolge keine Natur.[19]

Das ist aber nur die eine Seite. Bereits in den *Theragatas*[20] (Lieder der Mönche) begegnen wir nämlich auch einer Art »Naturlyrik«, die wiederum an Beschreibungen und Haltungen in einigen *Jataka*-Geschichten (Erzählungen aus früheren Leben des Buddha) anknüpft. Diese Texte haben Ähnlichkeit mit indischen Liebesgedichten, aber auch mit den Gesängen über die Liebe zu den Blumen und Wäldern der *brahmanischen Asketen*.

Animistische Grundhaltungen, Liebe zur Natur sowie Askese und Weltentsagung treffen im frühen Buddhismus reli-

---

[19] *Udana* 8,1: »Es gibt, ihr Mönche, eine Stätte, wo weder Erde ist noch Wasser noch Feuer, … weder Sonne noch Mond.«
[20] C. A. F. Rhys Davids (Hg.), *Psalms of the Brethren and Sisters*, London 1937.

gionsproduktiv aufeinander. Die beiden großen Säulen des Buddhismus, nämlich Mönchsorden und Laiengemeinschaft, reagierten hinsichtlich der kulturellen Gestaltung von (Um-) Welt sehr unterschiedlich.

In den Mönchstraditionen gilt die Natur als Lehrmeisterin der Vergänglichkeit. Die Buddhisten empfehlen einander als Läuterungsübung z.B. die Betrachtung von fallenden Blättern.[21] So wird von einem Asketen berichtet, dem, als er die Veränderungen in Farbe und Gestalt der fallenden Baumblätter betrachtet, die Vergänglichkeit aller Dinge bewusst wird. Natur ist für die Mönche als Platz der Meditation und Ruhe und nicht um ihrer selbst willen wichtig.

Der Laienbuddhismus und der Wohlfahrtsstaat Kaiser Ashokas

Die indischen Kulturen haben ein durchlässigeres System des Zusammenwirkens von Religionsspezialisten (Priestern, Mönchen, Gelehrten) und Laien entwickelt als die europäischen. Im Ideal der 4 Lebenszeitalter (*ashrama*)[22] hat die dritte Phase monastische Züge ohne Gelübde auf Lebenszeit und ohne dass die für frühere Phasen des Lebens anerkannte Bedeutung des Gewinnstrebens (im Rahmen der durch das Gesetz geregelten gesellschaftlichen Beziehungen [*dharma*]) bestritten würde. Hier wird »Askese« praktiziert nicht im Sinne eines kultisch erforderlichen Verzichts, sondern um der Gewinnung von Freiheit und Lebensqualität willen. Die im Ashram lebenden Gruppen (Familien ebenso wie Zölibatäre und gelegentlich auch Kinder) haben materielles Streben wie die damit verbundenen Verpflichtungen aufgegeben, um

---

[21] *Visuddhimagga* 2, 9.
[22] Die vier Lebenszeitalter sind die Zeit von Bildung und Erziehung (*brahmacarya*) in Kindheit und Jugend, Haushalterschaft (*grihasthya*) im Erwachsenenalter, Rückzug in spirituelle Wertegemeinschaften (*vanaprashtha*) etwa ab der Mitte des Lebens, Vorbereitung auf das Sterben als einsamer Wanderasket (*sannyasa*).

sich in Muße geistigem Streben und dem Gemeinschaftsleben widmen zu können. Der Verzicht, der als qualitativer
Gewinn erlebt wird, ist Voraussetzung für das Wagnis geistiger Entdeckungen unter Führung und in Gemeinschaft mit
charismatisch agierenden Persönlichkeiten (*Guru*). Hier gibt
es keine unumstößlichen Gelübde, sondern das Prinzip der
Freiwilligkeit und Selbstorganisation auf Zeit. Im Buddhismus Südost- und Ostasiens, wo es bis heute ein »Mönchtum
auf Zeit« gibt, ist diese qualitative Verzichts-Kultur Teil des
Ideals der Erwachsenenpädagogik geblieben.

Dementsprechend war und ist auch der Buddhismus, wie
ihn die Laien praktizieren, nicht völlig verschieden von der
Praxis der Mönchsorden, sondern eine zweite Achse, die von
Anfang an für den Buddhismus charakteristisch war. So heißt
es, dass religiöser Verdienst durch die Förderung von ökologischer und sozialer Infrastruktur wie den Bau von Wasser-
tanks und Aufforstung, also das pflegende Eingreifen des
Menschen in die Natur, vermehrt werden kann.[23] Der zentrale Begriff von *karuna* (Barmherzigkeit oder heilende Hinwendung zu allen Wesen) ist für den Buddhismus die Chiffre
für ein gelungenes Leben. Was genau ist gemeint?

»Die Erkenntnis der ›eigenen‹ Identität mit ›anderen‹, die Auf-
hebung der Unterscheidung von ›eigener‹ Leidens- und Glückserfahrung sowie Leidens- und Glückserfahrung von ›anderen‹ ist
karuna. *Karuna* bedeutet also die Erweiterung des ›Bewußtseins‹ in
einem ›mystischen‹ Sinne bis zu dem Punkt, wo es alle Lebewesen
umfaßt, d. h. zur Selbstidentifikation mit allem, was lebt.«[24]

---

[23] *Samyutta-Nikaya*-Ausgabe der Pali-Text-Society 1,5,7, London
1884; Ausgabe Geiger 1,47: »Sage, bei welchen Leuten Tag und Nacht
die Verdienste unablässig wachsen. In Rechtschaffenheit und Tugend-
kraft erheben sich von der Erde gen Himmel die, die Haine und frucht-
bare Bäume pflanzen, sowie Deiche und Dämme bauen, die Brunnen
und Wasseranlagen graben sowie den Obdachlosen Obdach geben ...«
[24] Sarkisyanz, *Buddhist Backgrounds of the Burmese Revolution*,
a. a. O., 40 f.

Dies trifft vor allem auf den Mahayana-Buddhismus zu, hat aber auch im Theravada seine Wurzeln. Gewiß, die meditative Schau des *nirvana* ist abgelöst von der Welt des Werdens (*kaivalya*), also auch von der Natur, aber Meditation und *nirvana* sind nicht zu trennen von *karuna* (heilende Hinwendung zu allen Wesen) und *maitri* (liebendes Wohlwollen). Dies lässt sich belegen an den sogenannten Vier Unermesslichkeiten (*apramana*), die schon nach frühester buddhistischer Überlieferung in alle Richtungen zu allen Lebewesen ausgestrahlt werden sollen:

1. liebendes Wohlwollen (*maitri*)
2. heilende Hinwendung zu allen Wesen (*karuna*)
3. Freude (*mudita*)
4. Gleich-Gültigkeit (*upeksha*)

Upeksha ist nicht moralische Indifferenz, wie Max Weber und viele andere meinten, sondern Gleichgewicht des Geistes jenseits von unterscheidenden Bewertungen. Unter der Prämisse, dass alle Lebewesen ein Netz von Beziehungen darstellen und in gewisser Weise miteinander identisch sind (Pflanzen nicht eingeschlossen), wird der Anthropozentrismus sowohl kognitiv wie emotional und als handlungsleitende Maxime aufgehoben.

Auf den eben dargestellten Grundlagen baut der Staat Ashokas (304–232 v. Chr.) auf, der wohl erste Wohlfahrtsstaat in der Geschichte der Menschheit. Ashokas Denken kennen wir durch seine berühmten Säulen- und Felsenedikte, die er überall in seinem Großreich, das fast den ganzen Subkontinent Indiens außer dem äußersten Süden umfasste, aufstellen ließ. Sie beinhalten allgemeine ethische Werte, die allerdings aus der buddhistischen Geisteshaltung abgeleitet sind, vor allem geht es um die Gewaltlosigkeit gegenüber Menschen und allen anderen Lebewesen.[25]

Ashoka ließ Brunnen bohren und organisierte eine umfas-

sende medizinische Versorgung für Menschen und Tiere. Er
regierte nicht mit Gewalt (*danda*), sondern durch Bildung
und Erziehung zur Einsicht (*dharma*). Einen solchen Paradigmenwechsel der Politik führt er ausdrücklich auf sein Er-
schrecken über die von ihm geführten blutigen Kriege zur
Einigung des indischen Subkontinent zurück. Er gewährte
Religionsfreiheit, was im indischen Kontexte der damaligen
Zeit keineswegs selbstverständlich war, da die Könige jeweils
verschiedene Formen von Religion patronisierten, um ihre
Herrschaft auch religiös-ideologisch zu festigen. Zusammen-
gefasst kann man zu Ashoka sagen: »Ashokas Ideal ist nicht
einfach die Bruderschaft der Menschen, sondern die aller Lebewesen. Er fühlt sich mit der gesamten beseelten Welt verbunden.«[26] Durch Ashoka also wurde der Wohlfahrtsstaat
begründet, der alle Lebewesen einschloss.

Ashokas Ideal hat weitergewirkt in der Staatsräson thera-
vada-buddhistischer Länder. So loben ceylonesische Chroni-
ken die dortigen buddhistischen Könige nicht nur für ihre
militärischen Taten, sondern ausdrücklich für ihr ökologisches und soziales Engagement.[27]

---

[25] Edikt 7 lautet: »So habe ich zum Beispiel durch Gesetzgebung an-
geordnet, dass einige Arten von Tieren nicht getötet werden dürfen.
Aber die Menschen haben ihre Hingabe an den Dharma sogar noch verstärkt, indem sie überzeugt sind, dass überhaupt keine Lebewesen ver-
letzt oder getötet werden dürfen.«
[26] D. R. Bhandarkar, *Ashoka*, Calcutta 1925, 220 f.
[27] Sirimeghavanna (362–409) baute Teiche, die immer Wasser enthiel-
ten, aus Barmherzigkeit für alle Lebewesen. (*Culavamsa* 37,98); Mahinda II (772–792) unterstützte (heimlich) die Armen, die sich schämten
betteln zu gehen, und es gab auf der Insel niemanden, der nicht von
ihm unterstützt wurde, außerdem habe er für das Vieh Vorsorge getragen. (*Culavamsa* 48, 146–147); Mahinda IV (956–972) errichtete ein
Almosenhaus und gab den Bettlern Nahrung und Obdach, in den Kran-
kenhäusern verteilte er Medizin und Betten. Außerdem versorgte er
regelmäßig die Kriminellen im Gefängnis. Für Affen, Wildschweine,
Gazellen und Hunde hatte er Mitgefühl und verteilte Reis und Kuchen
an sie. (*Culavamsa* 54, 30–33)

Bedeutsam ist in diesem Zusammenhang der *Maitreya-Mythos*, die eschatologische Hoffnung auf einen kommenden Buddha, der von der (heute ausgestorbenen) Schule der *Sarvastivadins* entwickelt und mit dem *Bodhisattva*-Ideal verbunden wurde, das auch im Theravada existiert. Im Theravada wird der Bodhisattva als werdender Buddha verstanden, der zwar Barmherzigkeit übt, seine daraus resultierenden Verdienste aber nicht, wie im Mahayana, auf andere übertragen kann. Bereits in Ceylon wurde die Vorstellung vom gerechten, guten, heilsspendenden kommenden Buddha, eben Maitreya, mit der Königsideologie verbunden und auf die jeweiligen Herrscher übertragen, die dann als *möglicher* kommender Buddha verehrt wurden. Unter ihrer gerechten Herrschaft befinden sich Natur und Mensch in Harmonie.[28]

Ein gutes Beispiel für die Verknüpfung von Politik und ökologisch stabiler Natur im südostasiatischen Buddhismus bis in die neuere Geschichte ist auch die Krönungszeremonie (*abhisheka*) des Königs *Mindon* (1853–1878) von Birma (heute Myanmar). Dort wird dem König zeremoniell mitgeteilt:

»Solltest du den Eid brechen, den du in der Krönungszeremonie geschworen hast, wird die Welt in Jammer verfaulen, das Land wird verdunkelt und staubig … Unruhe und Diebstahl wird das Land überziehen …«[29]

Das alte Birma kannte kein Privateigentum des Landes, sondern ein Pachtsystem, das königlicher Aufsicht unterstand. Der König verlangte Steuern, die halbjährlich verteilt wur-

---

[28] Die Schilderungen ähneln eschatologisch-paradiesischen Zuständen, wie wir sie aus semitischen Quellen kennen. So heißt es beispielsweise in Berichten über die Könige aus Ceylon, Kampuchea und Thailand (nach dem 14. Jahrhundert, in der Sukhotai und Ayutthya-Periode): sie ließen Tiere (Elefanten) frei, sie ließen Kriegsgefangene (Sklaven) frei und galten als Garanten der Harmonie von Mensch und Natur (vgl. auch *Mahavamsa* 21, 29 f.).

[29] Der birmesische Text wird zitiert von Sarkisyanz, *Buddhist Backgrounds of the Burmese Revolution*, a. a. O., 50.

den, wer bei schlechter Ernte nicht steuerfähig war, wurde
von den Abgaben befreit. Es gab keine Finanzwirtschaft, und
so konnte kein Kapital angehäuft werden, das zur Zerstörung
des Gleichgewichts in der Gesellschaft sowie zwischen Natur
und Gesellschaft geführt hätte. Wirtschaftliche Wohlfahrt
und Zufriedenheit für alle war das erklärte Ziel des Staates.[30]
Das aber wiederum nicht als Selbstzweck, sondern damit der
Samgha mit Almosen unterstützt werden konnte und jeder-
mann Zeit hätte, sich religiösen Zielen zu widmen. (Es ist
nicht verwunderlich, daß der Ökonom E. F. Schumacher zu
seinem Buch »Small is beautiful« von diesem birmesischen
wirtschaftlich-politischen Gemeinwesen angeregt wurde.)
Die Briten hingegen zählten zu den Errungenschaften ihrer
Kolonialherrschaft, dass wirtschaftlicher Wettbewerbsgeist
sich langsam durchzusetzen begann, indem die Kolonialmacht die Steuerlast derart drastisch erhöhte, dass die Bauern
zusätzliches Land, das zur Ernährung bisher nicht benötigt
worden war, im Raubbau bebauen mussten. Howard Malcom
urteilt stolz: »Privateigentum ist jetzt heilig.« Zuvor galt, wie
gesagt, der Boden als heilig, nicht veräußerbar und menschlichem Gewinnstreben entzogen. Das traditionelle buddhistische Ethos in Birma überlebte bis ins 19. und 20. Jahrhundert
und stieß mit den an Gewinnmaximierung orientierten Idealen der British East India Company in krasser Konfrontation
zusammen.[31]

---

[30] Vgl. ebd., 56 f.

[31] So schreibt der britische Kolonial-Beamte H. Fielding-Hall 1906 über
den birmesischen Buddhismus (ebd.): »Eine großartige Religion, voll
von erhabenen Gedanken … Sie gibt den Gefallenen und Schwachen
Trost, eine sichere Zuflucht für die am Leben Zerbrochenen. Sie schützt
die Buchten, wo die vom Sturm geschüttelten Seelen ausruhen können.
Es ist das Evangelium der Kranken, Verwundeten, Sterbenden … Aber
… Die erste und größte Wahrheit ist, diese schöne Welt, die uns Gott
gegeben hat, auszunutzen. Die größte Sünde ist es, unnütz zu sein … Es
ist unsere Pflicht, die Feigen, die Untüchtigen, die Schwachen, die nichts
(mit der Welt anzufangen wissen) hinwegzufegen und sie durch Starke

Aus birmesischer Sicht vertraten die Engländer ein Naturrecht des Stärkeren gegen alle Kreatur. So ließ die Kolonialmacht in Mandalay streunende Hunde zu Tausenden vergiften und Wälder für Reispflanzungen abholzen, wodurch die Birmesen ärmer wurden – zwischen 1870 und 1930 fielen die Reallöhne um 20 %. Die Geschichte Birmas liefert also Beispiele für eine *buddhistische Sozialethik*, die die Natur, zumindest die belebte, einschließt und die durchaus wirtschaftspraktikabel und politisch wirksam war.

Wie wir sahen, zeichnet das *Ideal der Barmherzigkeit* gegenüber allen Lebewesen schon den frühen Buddhismus aus (z. B. Verbot des Wanderns während der Regenzeit, damit keine Insekten zertreten werden (*Vinaya* 1, 137 und *Mahavagga* 3, 1–2)). Man kann von einer umfassenden Ehrfurcht vor dem Leben sprechen. Pflanzen gelten zwar im indischen Buddhismus nicht als Lebewesen (was sich in China unter daoistischem Einfluss ändern sollte), aber als Basis der Nahrung und Lebensraum von Tieren und Geistern sind sie ebenfalls geschützt.

Mahayana – die Lehre von der Leerheit

Die im frühen Buddhismus angelegte Idee der Barmherzigkeit des Bodhisattva wurde im Großen Fahrzeug (*Mahayana*) weitergeführt, wobei die Grundhaltung des Altruismus intensiviert wird.

Der Mahayana-Buddhismus war vor allem auch (aber

---

und Nützliche zu ersetzen. Der Burmese hat zu viel Glauben. Er ist viel zu viel gehegt und gepflegt worden, und man hat ihm zu viel gepredigt. Er muß aufstehen und kämpfen. Er darf vor den Schlägen der Welt nicht zusammensinken und sich verstecken, sondern muß herauskommen zur Konfrontation. Er muß seine windelweichen Bande des Glaubens abschütteln und den natürlichen Krieger darunter entdecken. Er muß es lernen, roh und grausam zu sein, wenn notwendig zu zerstören, Schmerz zu verursachen und sich rücksichtslos durchzusetzen. Er muß lernen, mannhaft zu sein ... Das würde ihre Augen zu einer neuen Lebenssicht öffnen. Aber ihr Glaube steht ihnen dabei im Wege ...«

nicht nur) eine Laienbewegung, die das rituelle und kultische Element betonte, während das Mönchtum vor allem aus dem Einhalten der Mönchsregel seine Identität gewann. Unter beiden Gesichtspunkten lässt sich historisch belegen, dass das grundlegend partnerschaftliche Verhältnis zur naturhaften Mitwelt praktisch und gegenüber herkömmlichen Verhaltensweisen *neu geordnet* wird, wenn ein entsprechendes Interesse besteht und dasselbe plausibel kommuniziert werden kann: Den Laien oblag das »delegierte Töten« von Tieren, denn am Anfang waren die indischen Buddhisten keineswegs Vegetarier (erst im China des 6. und 7. Jahrhunderts setzte sich der Vegetarismus durch). Die Vorstellung von der Gemeinschaft aller Lebewesen hat das reale Verhalten ganzer Gesellschaften umgeformt und geprägt.

Im Folgenden seien nur einige Mahayana-Entwicklungen beschrieben, die das altruistische Handeln in und für die Welt in einem nochmals anderen Licht beleuchten.

a) *Tathagatagarbha*
»*Garbha*« bedeutet Schoß, und »*tathagata*« ist ein Titel des Buddha, wörtlich der So-Gekommene, der in die Wahrheit Eingegangene und aus ihr Hervorgehende. Es geht um die Erkenntnis, dass alle Lebewesen das Potential der Buddhaschaft in sich tragen, auch Tiere und Geister, dass letztlich alle schon Buddhas sind, es aber noch nicht wissen. Auch diese Vorstellung wird wohl soziologisch mit dem erstarkenden Selbstbewusstsein der Laien zusammenhängen. Diese Lehre wurde später in China aufgegriffen und radikalisiert: Dass z. B. auch ein Hund die Buddha-Natur habe, war neu und eine Provokation, geht es doch hier nicht nur um die biologische Verwandtschaft aller Wesen, sondern um eine Heilsgemeinschaft von Mensch und Tier. Dies hat sich auf den Tierschutz ausgewirkt, während die Pflanzen als Lebensraum der Tiere nur mittelbar betroffen waren. Allerdings geht es hier nicht um Schutz und Pflege des individuellen Tieres, denn das Tier

(wie auch der Mensch) ist als Gefäß oder Körper für die Buddha-Natur mit Ehrfurcht zu behandeln, nicht um seines spezifischen Tierseins willen.

b) Identität von *samsara* und *nirvana*

Es war der Philosoph Nagarjuna (2. Jahrhundert n. Chr.), der die Identität von *samsara* (leidvoller Lebenskreislauf) und *nirvana* (Befreiung) nicht nur aus logischen Gründen, sondern aufgrund meditativer Erfahrung zum Prinzip seines Denkens machte. Was bedeutet das? *Nirvana* kann nicht ein Bereich neben einem anderen sein, denn dann wäre das *nirvana* begrenzt bzw. bedingt. Außerdem erscheint in der Meditationserfahrung keine andere, phantasierte Welt, sondern eben diese eine Welt in anderem »Licht«, in ihrer Einheit. Die Leerheit der Wirklichkeit, *shunyata*, bedeutet, dass die Dinge nicht für sich selbst existieren, sondern alles mit allem nicht nur in Zusammenhang steht, sondern die Existenz aus dem anderen hat. Geist und Natur, Mensch und die ihn umgebende Wirklichkeit, das Absolute und das Relative existieren als das, was sie sind, in *wechselseitiger* Abhängigkeit.

c) Das Reine Land

Zu erwähnen ist auch die Tradition vom Buddhismus des Reinen Landes, die sich in Indien entwickelte und eintausend Jahre später in Ostasien als die mächtigste und wichtigste Strömung des Buddhismus überhaupt etablieren konnte. *Sukhavati*, das Glücks-Land Buddha Amitabhas, ist ein Ort, zu dem alle gelangen, die Amitabha (in Japan: Amida) gläubig anrufen und um Beistand bitten. Beim »Reinen Land« handelt es sich nicht um das *nirvana*, sondern um eine spirituelle Sphäre, die noch unter dem Gesetz des Kreislaufs der Geburten (*samsara*) steht, aber mit idealen Bedingungen für das Erlangen der Buddhaschaft. Es ist ein Paradies, wo es keine Ablenkungen von der Meditation gibt, keine Versuchungen an Sinnesdingen anzuhaften.

Wie sieht nun die Natur in diesem Reinen Land aus? Es gibt weder Hügel und Berge noch Sonne, Mond und Sterne, auch keine organische Umwelt, alles besteht aus Edelsteinen und Kristallen, wie es der *Sukhavativyuha* beschreibt. Es ist ein Ort ohne Leid, also folgerichtig auch ohne Natur. Denn Natur bedeutet Vergänglichkeit und damit Leid. Die konkreten Vorstellungen entsprechen der indischen, klimatisch bedingten Naturerfahrung, und in China und Japan, wo ein anderes, angenehmeres und gemäßigtes Klima herrscht, sieht das Reine Land anders aus und trägt eher die Züge eines Gartens, wie sich in der ostasiatischen Gartenkultur zeigt. An diesem Wechsel des Bildes von der Natur zeigt sich, daß die konkreten Lebensbedingungen normative Erzählungen verändern und die Motivation zu gesellschaftlich-kulturellen Umbrüchen plausibilisieren können.

3.2 Mahatma Gandhi

Mohandas Karamchand Gandhi (1869–1948)[32] gilt nicht nur als der führende Kopf der indischen Unabhängigkeitsbewegung und »Vater« (*bapu*) des indischen Staates, sondern als Vordenker der politischen Strategie der Gewaltfreiheit (*ahimsa*), die in einem systemischen Verständnis der Wirklichkeit ihre Wurzel hat. Dieses Prinzip nannte er »Ergreifen der Wahrheit« (*satyagraha*), weil es nicht nur einem moralischen Imperativ entspringt, sondern einer rationalen wie emotionalen Einsicht in die Wirklichkeit. Man kann Gandhis Strategie als ökologisch-soziales Systemhandeln bezeichnen, bei dem Kooperation über Konkurrenz herrscht, so dass bei der Lösung von Konflikten grundsätzlich *win-win*-Situatio-

---

[32] Zum Folgenden: M. Chatterjee, *Gewaltfrei widerstehen. Gandhis religiöses Denken – Seine Bedeutung für unsere Zeit*. Übers. v. Regina und Michael von Brück, Gütersloh 1994, bes. 130–146.

nen entstehen. Alle andern Lösungen hält Gandhi für untauglich, weil sie Konflikte nur temporär zudecken und oft noch massiver wieder aufbrechen lassen. Gandhi ist kein romantischer Träumer eines »Zurück zur Natur«, sondern ein durch und durch rationaler Denker, der die Potentiale der indischen Religionen (Hinduismus, Jainismus, Buddhismus) geschickt so verschmilzt, dass sie als Faktoren der Motivation zu politischen und ökonomischen Strategien werden, die die zerstörerischen Kräfte der modernen Industriegesellschaften zumindest eindämmen. Die Stärkung einer dezentralisierten Produktionsweise auf dem Dorf ist keine naive Simplifizierung komplexer ökonomischer Zusammenhänge, sondern der Versuch, Grundlagen für eine Demokratie zu schaffen, die nur bestehen kann, wenn sie auf wirtschaftlich dezentralisierter Macht und Eigenverantwortung des Individuums beruht. Sein Werben für eine vegetarische Lebensweise begründet er mit der ökonomischen Erwägung, dass die notwendige Kalorienmenge aus vegetarischer Lebensweise mit wesentlich geringerem Verbrauch von natürlichen Ressourcen erzeugt werden kann als durch Tierhaltung, dass also nur eine vegetarische Lebensweise dem demographischen Druck gerecht werden kann. Er baut auf der Wert- und nicht nur Marktorientierung des wirtschaftlichen Handelns auf, wie sie John Ruskin in England entwickelt und Tolstoi in Russland sowie R. W. Emerson und H. D. Thoreau in Neu-England (USA) vorangetrieben hatten, und war bei seinen »Experimenten mit der Wahrheit« interkulturell vernetzt. Ruskin und Gandhi gehen von einer »Metaphysik der Existenz« aus, die Anorganisches und Organisches, das Individuelle und die Gesellschaft umfasst. Diese Dimensionen müssen aufeinander abgestimmt sein, sonst bricht die Gesellschaft auseinander. Die moderne politische Ökonomie, die sich allein auf Profitmaximierung gründet, kann dies nur erfolgreich tun, wenn sie durch den wirtschaftlich-militaristischen Komplex der Rüstung und des Exports von Rüstungsgütern am Laufen gehalten wird, und dies führt zwangsläufig zu imperialistischen Handelspraktiken und politischen Konflikten, die auf Grund der modernen Technologie flächendeckend destruktiv ausgetragen werden. Gewalt kann deshalb kein Mittel der Politik sein, und sie ist auch im Wirtschaftshandeln rational nicht vertretbar, weil sie die Ressourcen so schädigt, dass der menschlichen Tätigkeit des Wirtschaftens selbst der Boden entzogen wird. Wo Gier die Natur zerstört, handeln die Menschen gegen ihre eigenen Interessen, abgesehen davon, dass sie ihre Identität untergraben, weil keine der Religionen, die heute den Ton angeben, ein solches Handeln rechtfertigt. Der Mensch befindet sich also im prinzipiellen Dauerkonflikt zwischen den Werten, auf die er sich beruft, und seinem realen Handeln, was zur Zerstörung von Natur, Geist und Kultur führt. Das Schicksal des Individuums und das »Training des Geistes«, so schreibt er in seiner Autobiographie, sind der Ausgangspunkt für ein integriertes Handeln, das sich dann in konzentrischen Kreisen in die nächste weitere Ebene ausbreitet – die Dorfgemeinschaft, die Stadt, den Distrikt, das Land, die Welt. Das bedeutet, dass der Mensch Empathie und Sympathie kultivieren muss, um der Tendenz zur Gier entgegenzuwirken, die zerstörerisch ist. Die Entwicklung von Sympathie verbindet er interessanterweise mit der Kultivierung von Imagination. *Kognitive* und *emotionale* Entwicklung werden mit dem *Ästhetischen* verknüpft, damit eine neue Fähigkeit zur sozialen Verantwortung in einem wahrhaftigen Gemeinschaftsleben entstehen kann. Gandhi experimentiert in seinen Ashram-Gründungen (vom Phoenix-Settlement und der Tolstoi-Farm in Südafrika bis zum Satyagraha Ashram bei Ahmedabad in Indien), um Alternativen zu einer ausschließlich erwerbsorientierten Gesellschaft zu finden. Diese Ashram-Experimente versteht er als Bildungsorte für künftige Eliten. Der systemische Ansatz führt dazu, dass er erkennt, wie Vereinfachung des Alltagslebens, Speisegewohnheiten, Abfallbeseitigung, frühe Kindererziehung, Spracherwerb und politischer gewaltfreier Kampf miteinander zusammenhängen. Frauen gebührt dabei eine ebenso aktive öffentliche politische Rolle wie Männern (wenngleich Gandhi den Gedanken der Gleichberechtigung im Sinne der geschlechtlich-psychologisch-sozialen Selbstbestimmung von Frauen nicht denken und umsetzen konnte). Konstruktives Handeln, auf welchem Feld auch immer, muss sich auf innere Verwirklichung einer spirituellen Reife *und* äußere Transformation der Besitz- und Nutzungsverhältnisse von Gütern gleichzeitig gründen, sonst kann es nicht konstruktiv sein. Der Begriff der Solidarität bezieht sich auf die ganze Welt, wobei er, wie gesagt, die Verantwortung als Selbsthingabe der kleineren an die umfassendere Ebene von Vergemeinschaftung, also vom Individuum über die Familie bis zum Staat und der Weltgemeinschaft im Sinne des Subsidiaritäts-Prinzips interpretiert. Er denkt die Beziehungen in Gesellschaft und Politik nicht hierarchisch, sondern in konzentrischen Kreisen und Wechselwirkungen. Allein dies macht ihn zu einem zeitgenössischen Denker.

Indien hat sich zwar während der Jahrzehnte, die der Unabhängigkeit 1948 folgten, einer stark zentralisierten Industrialisierung verschrieben, die das ökologische Gleichgewicht besonders in den Städten zerstört hat, damit ist aber Gandhis Impuls keineswegs hinfällig geworden, und er ist in Indien auch nie völlig verstummt. Gandhi im heutigen Horizont neu zu lesen, könnte Wege zur notwendigen Transformation aufzeigen.

3.3 Das chinesische Modell der »Harmonie«

China unterscheidet sich von den bisher genannten Kulturen. Diese aufstrebende Weltmacht an europäischen (oder auch indischen) Kulturstandards zu messen wäre ein grober Fehler, sowohl was die Analyse der Gesellschaftsdynamik betrifft

als auch hinsichtlich der Möglichkeiten zukünftiger Entwicklungen. Auch in China ist ein fast ungebremstes materialisti-
sches Konsumverhalten zur treibenden Kraft der gesellschaftlichen Dynamik geworden, aber nicht zur einzigen.
Man kann die Potentiale dieser Kultur wohl am ehesten er-
fassen, wenn man einen Rahmen identifiziert für die sehr
unterschiedlichen Konflikte und die Methode, mit denen dieselben gelöst werden sollen, nämlich das Streben nach »Harmonie«. Es ist, bildlich gesprochen, die Harmonie von »Himmel und Erde«. Nur in diesem Rahmen lässt sich einer der
markantesten Konflikte sinnvoll analysieren, der chinesische
Kulturen in Geschichte und Gegenwart immer betrifft: der
Konflikt zwischen Individuum und Gruppe. Es wäre viel zu
kurz gegriffen, das konfuzianische System der (fast) bedin-
gungslosen Eingliederung des individuellen Interesses in das
kollektive System nur als Zwangsreglement zu interpretieren. Es beruht vielmer auf einem über Jahrtausende gewach-
senen Lebensgefühl der universalen Harmonik: Wie im Himmel so auf Erden! So liefern die (in China gesellschaftlich
außerordentlich wichtige) Literatur und Literatur-Theorien
Abbilder harmonischer Beziehungen, die ungeachtet der Differenzen von konfuzianischen, buddhistischen bis hin zu
maoistischen Deutungen das gesamte chinesische Empfinden
der Stellung des Menschen im Kosmos und in der Gesellschaft nachhaltig prägen, sie sind Kulturstandards. Ein Beispiel: Der goldene Vogel und der Hase im Mond sind nicht
nur literarisch-fiktive Bilder, sondern Symbole der Identifi-
zierung, wie man z. B. an der einflussreichen Koan-Samm-
lung *Biyan Lu* (Bi-Yän-Lu) sehen kann (12. Beispiel): In der
Sonne erkennt man in China einen goldenen Vogel, der auf-
steigt, am Himmel entlangzieht und wieder absteigt, so wie
Helios, der Sonnengott der Griechen, oder Surya, der Sonnengott im vedischen Pantheon der Inder, im Wagen am
Himmel entlangfahren. Am südlichen Nachthimmel erscheint der Mond in China (wie übrigens auch in Indien)

wie eine Kugel, die in sich das Bild eines Hasen trägt. Wenn die Sonne aufgeht, verschwindet der Mond, und wenn die Sonne sich senkt, geht der Mond auf. Die Rhythmen der Natur erzeugen komplementäre Konstellationen, aus denen sich eine angemessene Wahrnehmung der gültigen Gesellschafts-Ordnungen von selbst ergibt. Daraus erwächst das Vertrauen, dass das Leben sich ebenso gestaltet, wie Sonne und Mond ihre Bahnen ziehen, auch wenn sie unserem Blick zeitweise entzogen sind. Die gesamte chinesische Kultur ist davon inspiriert zu zeigen, dass und wie sich diese Harmonik des Himmelsgewölbes im Leben der Menschen und der Gesellschaft widerspiegeln soll. Wenn sich einzelne Menschen oder ganze Gesellschaften gegen die Gesetze der Natur und gegen diese Harmonik durchzusetzen versuchen mit Macht, Gewalt und Gier, wird alles zerstört. Individuum und Gruppeninteresse in Einklang zu bringen, ist in der chinesischen Kultur Zeichen gelingender Herrschaft, wie das daoistische Daodejing eindrücklich darlegt. Und es wird nicht als ein Zwangssystem empfunden, sondern als die notwendige Folge von Einsicht und Erfahrung. Der Vorrang des Gemeinwohls ist ein so stark verinnerlichter Grundzug der chinesischen Lebenswirklichkeit, dass es sich kaum ein Mensch leisten kann, aus diesem Verbund von Regeln und Zwängen einerseits und solidarischem Verhalten andererseits auszubrechen.

Auch der chinesische Buddhismus ist von solchen Kulturstandards und vor allem von der daoistischen Naturmystik geprägt. Schon in der ersten Periode der Übersetzungen, also von der Mitte des 1. Jahrhunderts n. Chr. bis zum Jahre 402, der Ankunft des Gelehrten Kumarajiva in der Hauptstadt Chang-an, wurde die Angleichung buddhistischer Ideale an den Daoismus bewusst gesucht. Natur wird hier nicht als wilder Dschungel, sondern, dem Harmonieideal der chinesischen Kultur entsprechend, als lieblicher Garten wahrgenommen. Das Land *sukhavati*, ein Garten mit Tieren, Pflanzen und angelegten Teichen, ist gestaltete Natur, wie wir den

Pinselzeichnungen der Song-Zeit im 10. und 11. Jahrhundert entnehmen können. Aber schon vorher war es zu einer Neubewertung der Natur im ostasiatischen Buddhismus gekommen, wo nun auch die Pflanzen als Lebewesen galten, und das geht auf zwei Schulbildungen zurück: In der Tiantai-Schule (der ersten eigenständigen Schule des chinesischen Buddhismus) wird die universale Buddha-Natur für alle Wirklichkeitsbereiche, nicht nur für die Lebewesen, gelehrt. Damit ist die prinzipielle Differenz von belebten und unbelebten Wesen verschwunden, und man kann sagen, dass dies eine Radikalisierung der indischen *tathagatagarbha*-Tradition bedeutet, wie wir sie oben dargestellt hatten. In der Mitte des 8. Jahrhunderts wurde diese Anschauung von der Ochsenkopf-Schule des Ch'an (Zen) übernommen und dann wohl in der Nordschule des Ch'an vertreten.

Die kosmologische Begründung aber lieferte die Hua-Yen-Schule, die auf das indische *Avatamsaka-Sutra* zurückgeht und den Kosmotheismus dieses Sutra sowie des *Lotos-Sutra* philosophisch-systematisch ausarbeitet: Alles ist in allem enthalten, ja alles ist letztlich alles, weil die Wirklichkeit nicht ein Zusammenspiel von Substanzen ist (wie schon die *shunyata*-Lehre der *Prajnaparamita-Sutras* erkannt hatte), sondern ein Wechselverhältnis von Beziehungen. In dem berühmten *Avatamsaka-Sutra* wird dieses Motiv in immer neuen Symbolen und Parabeln erläutert, zum Beispiel in der Geschichte vom Netz Indras, das sich aus Perlen zusammensetzt, wo jede einzelne Perle alle anderen spiegelt: Die Perlen als Erscheinungen der Wirklichkeit, die jeweils Widerspiegelungen aller anderen Wirklichkeiten sind. Darauf aufbauend machte der berühmte chinesische Philosoph Fazang (643–712) ein Experiment: Er wurde von der Kaiserin Wu Zetian gebeten, das Wesen des Wirklichkeitsverständnisses im Buddhismus darzulegen. Der Mönch führte die Kaiserin in einen Raum, dessen Wände, Fußboden und Decke völlig mit Spiegeln bedeckt waren. In die Mitte des Raumes stellte der

Meister eine Buddha-Figur, die er mit einer Lampe beleuchtete. In den Spiegeln erschien das Bild der Buddha-Statue, und jedes Spiegelbild spiegelte alle anderen wider, in unendlicher gegenseitiger Spiegelung und Durchdringung. Sofort begriff die Kaiserin die Lehre von der Totalität und gegenseitigen Durchdringung aller Dinge im Mahayana-Buddhismus. Mehr noch, Fazang nahm eine winzige Kristallkugel in die Hand, und die Kaiserin sah, dass die kleine Kugel all die unendlichen Spiegelbilder enthalten konnte.

Dies hatte Folgen für die gesamtkulturelle Entwicklung in China: Im Synkretismus der Song-Zeit (960–1279), in der vom Buddhismus beeinflussten neo-konfuzianischen Philosophie, gibt es eine deutliche Hinwendung zur Natur: So soll sich der Philosoph Zhou Dunyi (1017–1073) geweigert haben, das Gras zu schneiden, weil er sich allem Lebendigen verwandt fühlte. Typisch ist auch der Dichter Su Tung-Po, der die Erleuchtung während eines Nachtspaziergangs in den Bergen erfuhr, als er das Rauschen des Flusses hörte.[33]

In der chinesischen Moderne sind diese Traditionen gewaltigen Erschütterungen ausgesetzt gewesen, zunächst durch die ganz unterschiedlichen Revolutionen und Reform-Bewegungen im 19. Jahrhundert, die das Ende der Kaiserzeit und die Begegnung mit dem Westen eingeläutet haben, dann besonders durch den Kommunismus und die maoistische Politik der Kulturrevolution und späteren ökonomischen Umgestaltung. Doch auch hier sind diese Wurzeln noch erkennbar, und so ist der Maoismus nicht zu Unrecht als eine Variante konfuzianischer Ideologie und Verknüpfung mit moderner politischer totalitärer Doktrin interpretiert worden. Großprojekte lassen sich diktatorisch effizienter umsetzen, so die

---

[33] Die Erleuchtungsstrophe, mit der er vor seinen Ch'an (Zen)-Meister trat, lautet: »Das Rauschen der Bäche im Tal ist seine lange, breite Zunge; / Die Formen der Berge sind sein reiner Leib. / In der Nacht hörte ich das Summen von Myriaden von Sutra-Versen, / Wie kann ich anderen ihre Bedeutung sagen?«

Ausrottung krankheitsübertragender Fliegen in den 50er Jahren, die desaströse Kollektivierung der Landwirtschaft unter Mao oder die ökonomische Revolution unter Deng. Ob auch das von der gegenwärtigen Regierung ausgerufene ökologische Großprojekt dazu zählt?

Um die teils gewalttätigen Auseinandersetzungen um die Adaption chinesischer Kultur an die westliche Moderne im 19./20. Jahrhundert zu verstehen, müssen wir etwas weiter ausholen. Es geht hier nicht nur um intellektuelle Rechtfertigungs- und Anpassungsprozesse, sondern um einen kapitalistisch-individualistischen Lebensstil der Konkurrenz und Gewinnmaximierung gegenüber dem chinesischen Lebensstil der Harmonie und des Ausgleichs, wobei es bezeichnend ist, dass es im klassischen China verpönt war, dass Wohlhabende ihren Besitz öffentlich zeigen, d.h. Reichtum solle nicht dem Prestigebedürfnis dienen. Diese Auseinandersetzungen führten zu mehreren politischen Umstürzen, zu Chaos und kreativen Neuanfängen, zu entsetzlichen Hungersnöten einerseits und wirtschaftlichem Aufschwung andererseits, so dass sie uns im Kontext der Suche nach einem nachhaltigen Lebensstil interessieren sollten.

Während der Qing-Dynastie (1644–1911) verfiel die feudalistisch organisierte Naturalwirtschaft, gleichzeitig entwickelten sich Zentren der Industrie. Die europäischen Mächte öffneten seit Mitte des 19. Jahrhunderts gewaltsam die Märkte Chinas (Opium-Kriege). Um die Reparationen zahlen und den Staat refinanzieren zu können, wurde die Steuerlast dramatisch erhöht, was zu Aufständen und ökonomischen Verwerfungen führte, auch wurde die lokale Wirtschaft durch Export-Dumping der europäischen Mächte geschwächt. Besonders die Taiping-Revolte (1851–1864) führte zu einem Zusammenbruch der traditionellen Strukturen, so dass der Ruf nach einer vollständigen Übernahme westlicher Lebensmodelle (Wirtschaft, Kultur und Politik) seit den 1860er Jahren laut wurde. Die Verwestlichungs-Bewegung (Yangwu Yundong) wurde von der kaiserlichen Administration inszeniert, um nach innen die Herrschaft zu stärken und nach außen die von europäischen Mächten und Japan (Krieg von 1894/95) ausgehenden Aggressionen abzuwehren (Aufbau von Schwerindustrie, modernem Militär und Verwaltungssystem). Damit war das Motiv nicht unähnlich der Meiji-Reform in Japan (ab 1868). Das Bildungswesen (Schulen und Universitäten) und Medien wurden nach westlichem Vorbild gestaltet. Auch die Hundert-Tage-Reform in China (1898) hinterließ trotz ihres Scheiterns nachhaltige Wirkungen. So änderten sich die an der Großfamilie orientierten sozialen Verhältnisse zu kleineren Einheiten der individualistisch-kapitalistischen und urbanen Struktur. Während die Bauernrevolten Reformen bei der Landverteilung forderten, war die westliche Industrialisierung von den Eliten getragen und verschärfte das Gerechtigkeits-Problem. China ging nicht den Weg einer gleichgewichtigen Modernisierung. Die (konservative) Hundert-Tage-Reform von 1898 versuchte im Rahmen der monarchischen Struktur eine westliche Verwaltung aufzubauen, was misslang und schließlich 1911 zum Sturz des Kaisers und zur Errichtung der Republik führte. Die Reform von 1898 schaffte 1905 das kaiserliche Prüfungssystem ab, das über 1300 Jahre bestanden hatte; damit war der kulturelle Bruch und Umbruch unvermeidlich und eine neue Werteordnung vorprogrammiert. In erbitterten Debatten war darum gefochten worden, ob China reif sei für die Staatsform der Republik, oder ob nicht zuvor eine Schulung der Bürger notwendig sei. Bereits in der Hundert-Tage-Reform war von dem einflussreichen Philosophen und Reformer Kang Youwei eine »Aufklärung zu bürgerlicher Moral, Intelligenz und Motivationskraft« gefordert worden, die sich dann in verschiedenen Strömungen der Neu-Kulturbewegung (Xinwenhua Yundong) um Hu Shi (1891–1962), dem berühmten Historiker des chinesischen Buddhismus, der in der Vierte-Mai-Bewegung (1919–1924) eine führende Rolle gespielt hat, Chen Duxiu und anderen Bahn brechen konnte. Hier wurde zugunsten des westlichen Rationalitätsmodells eine totale Abkehr von chinesischen Traditionen gefordert. Es kam zu massiven Gegenbewegungen. Vor allem Gu Hong-ming (1857–1928) wandte sich gegen westliche Wissen-schaft, Technologie und Ökonomie, weil deren Nützlichkeits-denken Not und Elend der Menschheit zur Folge haben würde. Tang Hualong (1874–1918)[34] schrieb 1914 in einer »Bittschrift an den Präsidenten hinsichtlich des Bildungssys-tems« (Shang Dazongtong Yan Jiaoyu Shu):

»Jedes Land hat seine eigenen kulturellen Wurzeln … diese haben die tiefste Beziehung zum Geist eines Volkes. Das Ziel des Dao ist es, die Wahrheit über die Welt zu entdecken und zur vollen Entfaltung zu bringen, um dem Geist der Völker einen Rahmen zu geben. Das soll die Bildung des Menschen sein.«

Und er fährt fort: Die Neu-Kulturbewegung zerstöre China und führe zum Verfall der fundamentalen menschlichen Be-ziehungen, wie sie durch Loyalität, Pietät, moralischer Standhaftigkeit und Treue gekennzeichnet seien. Man müsse den Konfuzianismus stärken und dem Konzept von Wechsel-wirkungen aller Erscheinungen in Natur und Gesellschaft (*ganying*) wieder zur Geltung verhelfen, statt einseitige hie-rarchische Modelle und den ungebremsten Individualismus zu propagieren. Dies schließe das buddhistische Konzept der Natur (*xing*) und das konfuzianische Prinzip des Prinzips (*li*) ein. Der Reformer Yinguang (1862–1940) hingegen glaubte nicht an die Wirksamkeit des konfuzianischen Ideals, durch Bildung und Moral die Gesellschaft zu harmonisieren. Er setzte vielmehr auf das buddhistische Karma-Prinzip, wo-nach die Menschen erkennen müssten, dass jede ihrer Hand-

---

[34] Die Daten und Texte finden sich bei: Minna Xi, *Ist eine konfuzianis-tische Moderne mit einer unsichtbaren Massen-Aufklärung durch »Buddhanamenrezitation« möglich?*, Diss. Universität München 2018, 28 ff.

lungen auf sie selbst zurückfalle, denn der reziproken Kausalität zufolge nütze altruistisch-moralisches Handeln – in langfristiger Perspektive – dem Eigeninteresse. Er optierte für einen ent-institutionalisierten und doch an die Traditionen gebundenen Buddhismus für die Volksmassen, mit deutlicher Kritik an den »elitären Religionen« der Konfuzianer und des etablierten Buddhismus. Die Demokratie müsse vom Selbstbewusstsein des Individuums ausgehen, das nur durch die Übernahme von Eigenverantwortung entstehen und gestärkt werden könne.

Die kulturell-politischen Modelle Mao Zedongs (1893–1976) und seiner Nachfolger sind eine Fortsetzung dieser Auseinandersetzung in neuen Kontexten und mit anderen Akteuren: Es geht tatsächlich nicht nur um Kulturrevolutionen, sondern um Umkehr der Lebensstile. Das rasante ökonomische Wachstum der letzten Jahrzehnte, das für China ökonomische Ungleichgewichte zwischen Stadt und Land sowie ein großes ökologisches Desaster zur Folge hat, wird in China als Aufholjagd um den Platz an der Sonne gesehen, den dieses Land meint erobern zu müssen – im Jahre 2050 will man die Nummer Eins in der Welt sein. Die Rhetorik von Harmonie, Gerechtigkeit und ökologisch nachhaltigem Leben ist auf dem Hintergrund der chinesischen Kultur und Geschichte anders konnotiert als ähnliche Ideale im Westen; im interkulturellen Disput muss es um die Pragmatik der Umsetzung im heutigen wirtschaftlich-kulturellen Handeln gehen.

Auf *Japan* wollen wir im Einzelnen nicht weiter eingehen, wo die chinesischen Ansätze weiterentwickelt wurden. Im Kontext der allgegenwärtigen *Shinto*-Frömmigkeit wird Natur *als* Kultur erfahren und umgekehrt, was sich zum Beispiel in der Gestaltung des japanischen Gartens darstellt, der durchaus verschieden vom wilderen chinesischen Garten ist. Dass diese Traditionen in Japan ausgestorben seien, wird man nicht sagen können, aber sie sind unter dem Druck der öko-

nomischen Zwänge, die zur Urbanisierung und einer kon-
sumorientierten Massengesellschaft geführt haben, in Be-
drängnis geraten. Die großen Reformbewegungen des politisch engagierten Buddhismus in Japan, vor allem Soka
Gakkai und Rissho Koseikai, versuchen, das klassische Erbe
durch ästhetische Erziehung und Praxis neu zu beleben, und
das mit einigem Erfolg.

Allgemein können wir festhalten: Die jeweilige (kulturbe-
dingte) Verbindung der buddhistischen Spiritualität mit der
Daseinsanalyse erzeugt eine ehrfurchtsvolle Haltung gegenüber der Natur und Mitwelt. Buddhismus ist und bleibt am
Menschen orientiert, denn nur von dieser (menschlichen)
Stufe aus ist der Weg zum *nirvana* möglich. Aber der Mensch
hat *Verantwortung für alle Lebewesen*. Das bedeutet:

1. Der Buddhismus kennt die Natur nicht als Selbstzweck,
   sie ist desakralisiert und Teil des Leidenskreislaufs. Die
   buddhistische Haltung ist dabei ambivalent: Das (frühe)
   monastische Ideal ist eher leibfeindlich, die von Laien mit-
   getragenen Mahayana-Strömungen hingegen tendieren
   zu einer ganzheitlichen Spiritualität, bei der die Natur
   eingeschlossen ist.
2. Je nach der wohl klimatisch bedingten Naturerfahrung (Indien – China) wird Natur als bedrohend oder heilend erlebt
   und dementsprechend entweder ausgeblendet oder aber als
   Metapher für die letztgültige Harmonie empfunden.
3. Die Ideale von *ahimsa* (Gewaltfreiheit) und *karuna* (heilende Hinwendung zu allen Wesen) verpflichten den
   Menschen gegenüber der gesamten Mitwelt.
4. Der Theravada-Buddhismus deutet *anatta/anatman*
   (Nicht-Selbst) als Verwandtschaft aller Lebewesen, was
   sich im Mahayana unter der Erfahrung von *shunyata*
   (Leere) noch verstärkt zur vollkommenen Einheitsschau
   der Wirklichkeit.

5. Die (allgemein indische) Lehre von den Weltzeitaltern (*yuga*) macht aber deutlich, dass im Zeitalter des Verfalls des *dharma* auch die Harmonie zwischen Mensch und Natur zerbricht. Dies ist allerdings nicht fatalistisch hinzunehmen, sondern im *bodhisattva*-Geist zu verändern.

6. Ob der heutige Buddhismus die Kraft hat, diese Schau so zu formulieren, dass sie die entsprechenden Gesellschaften prägt, ist offen – Naturzerstörung gibt es auch in Asien überall.

3.4 Zusammenfassende Thesen und Applikation

Einige Erfahrungen aus der Religionsgeschichte Indiens und Chinas (Hinduismus, Buddhismus, Daoismus und Konfuzianismus) sowie auch des Westens könnten für folgende Bereiche des Kulturwandels hilfreich sein:

Ernährung

Die indischen Religionskulturen (durch den Buddhismus vermittelt auch China) plädieren für vegetarische Ernährung. Die Begründungen sind sowohl religionsspezifisch (die Einheit aller Lebewesen im Kreislauf der Wiedergeburten, Beseeltheit von Tieren) als auch allgemein human-medizinisch (Ausgleich der Energien im Ayurveda) oder harmonikal-ökologisch (wesentlich geringerer Ressourcenverbrauch [Land und Energie] für die gleiche Kalorienmenge bei vegetarischer Kost). Die Kombination der Argumente ist hilfreich, um zumindest bewussteren und damit geringeren Fleischkonsum im Sinne der genannten Faktoren zu erzielen. Qualität und höhere Preise für nicht-vegetarische Nahrung müssen als Anliegen der Konsumenten wie der Hersteller wahrgenommen werden.

Qualität lässt sich in lokalen Kreisläufen besser erzielen und kontrollieren. Dezentralisierung und Subsidiarität bei der Erzeugung von Nahrungsmitteln kann zum Qualitätsgewinn beitragen. Die Schönheit des Lebens auch durch regionale Differenz bei der Erzeugung von Nahrungsmitteln, das bewusstere Kochen (slow-food-Bewegung) usw. sollten als religiöse Anliegen erkannt und propagiert werden, um Motivation zu erzeugen.

Energie

In allen alten Religionskulturen sind Wasser, Wind, Feuer und Erde Energien, die göttliche Qualität haben. Der sakrale Charakter der Lebensgrundlagen soll nicht nur verbal beschworen, sondern in Ritualen eingeübt werden. Rituale prägen das Leben nachhaltig. Im Hinduismus z. B. gibt es Liturgien der Elemente, die als Energien (*shakti*) ritualisiert werden. Dadurch entsteht emotionale Bindung, die wiederum pfleglichen Umgang zur Selbstverständlichkeit macht. In diesem Sinne ist die franziskanische Spiritualität zu verstehen, die Papst Franziskus in seiner Schrift »*Laudato si*« aufgenommen hat. Die Bedeutung dieses Dokuments steht außer Frage, die intellektuelle Klarheit ist beeindruckend. Um Motivation zum Handeln zu verstärken, wäre auch hier die Ritualisierung hilfreich. Der Text sollte und könnte poetisch geformt und bildnerisch so wie musikalisch in Pop wie klassischer Kunst dargestellt werden. Entsprechende Preise und Preisausschreiben könnten dafür eine schöpferische Dynamik entfalten, analog zu den Filmpreisen von Cannes, Venedig, Berlin usw. Stiftungen und Sponsoren sollten angesprochen werden. Auch ein Nobelpreis für ökologische Innovation im Energiesektor wäre analog zum Friedensnobelpreis – und als Verstärkung des Alternativen Nobelpreises – denkbar.

Transport und Kommunikation

Effiziente Transportsysteme haben kulturellen Wandel initiiert, und kultureller Wandel hat zu neuen verkehrstechnischen Lösungen beigetragen (antiker Kulturaustausch, Seidenstraße, Seefahrt zu Beginn der Neuzeit, Entdeckungsreisen, moderner Tourismus). Allerdings sind die technologischen Möglichkeiten für Verkehr und Kommunikation heute völlig anders, so dass jeder historische Vergleich ungenügend ist. Deutlich ist allerdings, dass veränderte Kommunikation unmittelbare Folgen für eine Veränderung der sozialen Beziehungen hat, weil Verkehr den Handel mit Gütern und Ideen gleichzeitig befördert. Das Andere wird angeeignet, auch wenn aus Identitäts- und Sicherheitsbedürfnissen Grenzen gezogen und stereotype Fremdbilder entwickelt werden. Häufig wechseln Perioden des integrativen und dissoziativen Ausgleichs einander ab. Die enorme Masse an Kontakten, die der heutige Mensch hat und haben kann, bedarf eines Ausgleichs in der Suche nach überschaubaren und verlässlichen Kommunikationsnetzen, nach sozialer Beheimatung also. Eine solche ist unerlässlich und darf nicht als rückwärtsgewandte oder gar reaktionäre Nostalgie abgetan werden.

Geistige Entwicklung

Ressourcen aus den kulturell/religiösen Traditionen zur qualitativen Ausrichtung ökologisch/ökosophischen Denkens bestehen vor allem in den nicht-dualistischen Denkformen Asiens. Hier geht es wesentlich um eine gleichberechtigte Entwicklung von Kognition und Emotion, die in ihrer Einheit das hervorbringen kann, was wir soziale Intelligenz nennen. Die »soziale Intelligenz« beruht auf einem Spannungsverhältnis bzw. einer konträren Grundmotivation, die vermutlich als anthropologische Konstante jenseits kultureller Eigenprägungen gelten kann: Zugehörigkeit zu einer sozialen Gruppe und Anerkennung als Einzelner. Erstere macht den Menschen zu einem sozialen Wesen, letztere zum Individuum, das den Eigenwert sucht. *Zugehörigkeitsbedürfnis* lässt Menschen in einer Gruppenidentität aufgehen, im Eingebundensein und Verschmelzen Lustgewinn empfinden, wie z. B.

in den heutigen Ritualen des regional, national wie weltweit organisierten Fußballs. Gruppenidentität befriedigt das Gerechtigkeitsbedürfnis und egalitäres Verlangen, das der Mensch instinktiv ausbilden kann. *Individuelle Anerkennung* beflügelt das Streben nach Macht und hat ihren Lustgewinn in Dominanz, wie sie z.B. in der heutigen Wirtschaftsdynamik und Bildungskonkurrenz inszeniert wird. Die Anerkennung von Eigenwert tendiert zur Befriedigung in Hierarchien, das Gerechtigkeitsbedürfnis wird am Verdienst gemessen, d.h. gerecht ist, was auf Grund individueller Leistung zusteht.

Dieses Spannungsverhältnis allerdings erscheint zumindest in einigen der genannten Kulturen (besonders in dem von der griechischen Antike geprägten Europa) als Antwort auf das noch fundamentalere Dilemma zwischen Vergänglichkeit des Menschen, philosophisch repräsentiert durch Heraklit (»alles fließt«), und seiner Sehnsucht nach Dauer, philosophisch repräsentiert durch Parmenides (»Denken und Sein sind dasselbe«). Vergänglichkeit ist aber die Voraussetzung für Neugier, denn dass das Neue und noch nicht Realisierte als Wert erscheint, ist nicht selbstverständlich, wie man an weiten Strängen der indischen aber auch der chinesischen Traditionen erkennen kann. Dynamik ist gefährlich und führt ins Heimatlose, aber genau das ist für griechisches Empfinden aufregend gewesen, und die europäische Geschichtsdynamik ist ein Erbe dieser Haltung. Verstärkt wurde und wird diese Tendenz auch durch die hebräisch-jüdische Geschichtsmetaphysik, nach der Gott sich in der Geschichte entfaltend zeigt oder gar selbst im Werden gedacht wird (Eberhard Jüngel: »Gottes Sein ist im Werden«). Das menschliche Sicherheitsbedürfnis artikuliert sich in der Suche nach Dauer und drückt sich heute vornehmlich durch Anhäufung von Besitz aus. Wenn man also ausuferndes Besitzstreben begrenzen will, müssen diese kulturpsychologischen Hintergründe bedacht und in Rechnung gestellt werden, auch hier ist nicht Verdrängung, sondern Ausgleich die mögliche Lösung.

Kurz, was vonnöten ist, kann *Mut zur Positionierung* genannt werden. Eine solche Haltung knüpft an die hebräischen Propheten (einschließlich Jesus) an, ebenso an wie an Sokrates, die Künstler-Wissenschaftler der Renaissance, die Streiter in der Reformation und die Revolutionäre des Wissens im 19. und beginnende 20. Jahrhundert (von Darwin über Freud bis zu Einstein und Heisenberg). Dabei ist klar, dass ein universaler Anspruch der These vom notwendigen Umbau der Lebensverhältnisse in ein neues *ökologisch-soziales Gesellschaftsmuster* nicht autoritär, sondern *allein auf Vernunft begründet* sein kann. Alles Handeln kann nur dann mit Recht Themen und Inhalte setzen, wenn es vernünftig und am größtmöglichen Gemeinwohl orientiert ist.

Fazit: Wenn wir die hier analysierten kulturellen Dynamiken in Asien und dem Mittelmeerraum bzw. Europa daraufhin untersuchen, wie ein Ausgleich der Gegensätze von Veränderung und Stabilität erzielt wird, zeigt sich eine hohe Konstanz dieser Dynamik, mit je unterschiedlichen Ausprägungen. Beide pendeln sich immer wieder auf einen relativ stabilen Ausgleich ein und sind als kulturpsychologische Faktoren politisch zu berücksichtigen. Kulturelle Transformationen werden demnach nur gelingen, wenn in ihnen der Ausgleich dieser Dynamik gelingt.

VI Grundlagen der Therapie

Die vereinzelten Blicke in die Geschichte zeigen, dass lokale Differenzen bei der Lösung allgemeiner Probleme wichtig sein können. Dies ergibt sich aus klimatischen, historischen und sprachlich-kulturellen Bedingungen. Religionen reflektieren diese Differenzierungen mythisch und rituell. Die Grundfragen für die Zukunft der Menschheit haben globalen Charakter und können auch nur global gelöst werden, dies aber unter Berücksichtigung kulturell-religiöser Differenzierung auf der lokalen Ebene.

Zwei fundamentale Erkenntnisse für die Frage nach einer Transformation heutiger Gesellschaften lassen sich aus den kulturgeschichtlichen Analysen gewinnen:

1. Am Beispiel Ashokas in der indischen Antike und Mahatma Gandhis im modernen Indien kann gezeigt werden, dass Einsicht, wenn sie klug kommuniziert wird, die politische und soziale Landschaft verändern kann. Ein Paradigmenwechsel in den politischen Steuerungssystemen der Gesellschaft ist möglich, und zwar vor allem dann, wenn zentrale Ideen lokal bzw. dezentralisiert umgesetzt werden.

2. Das Streben nach materiellem Reichtum und Besitz ist allen menschlichen Gesellschaften in historischer Zeit eigen. Ob dies als empirischer Beweis für eine anthropologische Konstante zu interpretieren ist, kann nicht entschieden werden – der Blick in die Geschichte geht dafür nicht weit genug zurück. Allerdings lassen sich Gründe für das Streben nach quantitativem Besitz angeben, es sind vor allem Sicherheitsbedürfnis und Status. Beide Be-

dürfnisse können auch anders befriedigt werden und sind anders befriedigt worden: *Sicherheit* kann durch soziale Beziehungen, die im Wohlfahrtsstaat nach dem Prinzip der Gerechtigkeit organisiert werden, zumindest tendenziell gewährleistet werden. Was unter Gerechtigkeit zu verstehen ist, wird strittig bleiben, aber dieser Streit kann und soll in gesellschaftlichen Diskursen immer neu geführt werden. Der Staat als Organisator des Ausgleichs muss nur den Mut aufbringen und die notwendigen Kommunikationsstrategien entwickeln. *Statusbedürfnisse* formen sich kulturell variant aus. Es muss statusrelevant werden, ob und wie man nachhaltig lebt. Dass dies möglich ist, zeigt sich am Besitzverzicht der Mönchs- und Nonnenorden (Buddhisten, Sufis, Benediktiner, Franziskaner usw.) weltweit. Auch die indische Idee der vier Ashrama (Bildungsphase, Familienphase, Rückzug in spirituelle Lebensgemeinschaften, Einsamkeit als wandernder Einsiedler) setzt dieses Prinzip praktisch auch für Laien um: Wenn nach einer Zeit der Familien- und Haushaltsgründung die Kinder erwachsen sind, zieht sich das Ehepaar in eine Lebensgemeinschaft mit anderen (Ashram) zurück, die quantitativ verzichtend und qualitativ orientiert lebt, man widmet sich der Entwicklung des Geistes. Auch das chinesische Ideal, den Besitz nicht zur Schau zu stellen, um die Harmonie in der Gesellschaft nicht zu gefährden, kann aus einem übergeordneten Prinzip abgeleitet werden. Ein weiteres historisches Beispiel ist die Übernahme der vegetarischen Lebensweise durch Buddhisten, die Statusgewinn mit Besitzverzicht eingetauscht haben. Eine übergeordnete Idee kann also handlungsleitend wirksam werden für den Verzicht auf quantitatives Wachstum beim Besitzstreben, um dagegen qualitativen Gewinn an Lebensglück zu erzielen.

Als die fundamentalen Grundprobleme, die nur in Abhängigkeit voneinander gelöst werden können, diagnostizieren wir:

a. Klimawandel
b. Biodiversität
c. Kulturelle Vielfalt
d. Energie- und Wasserversorgung,
e. Landerosion
f. Armut und »Polarisierung« bzw. Partizipation von Unterprivilegierten
g. Gesundheit für alle
h. Bildung für alle

Die kulturelle Transformation muss sich auf diese Problemfelder unmittelbar beziehen, sonst ist sie irrelevant. Als Beispiele betrachten wir 11 Felder religionskultureller Ressourcen, die, sprachlich und rituell sowie medial transformiert, die heutigen Umgestaltungsprozesse anregen, motivieren und wirkungsvoll machen können:

1. *Sakramentales Leben.* Dieser traditionelle Begriff bedarf der Erläuterung, denn es geht hier gerade nicht um bestimmte Zeichen, die einer Religion gegenüber anderen die abgrenzende Identität ermöglichen, um etwas religiös Spezifisches also, sondern um eine *universale Lebenshaltung.* Alle Religionen kennen Sakramente, was bedeutet, dass der höchste Wert in der Welt rituell und sinnlich greifbar vergegenwärtigt wird. Der höchste Wert im religiösen wie humanistischen Sinn ist das Leben, weshalb die *veneratio vitae* »Ehrfurcht vor dem Leben in Freiheit« (Albert Schweitzer) die umfassendste Maxime allen Handelns sein sollte. Als theoretische Einsicht dürfte dies kaum strittig sein, und zwar weltweit. Kulturelle Erneuerung bestünde nun aber darin, diesen Wert so plausibel zu machen, dass er sinnlich erfahrbar und somit pädagogisch

113

wirksam wird. Dazu gehört eine praktikable Abwägung von Lebensinteressen und Lebensrechten: Leben lebt von Leben, wobei allerdings alle Religionskulturen wussten, dass tierisches Leben höher zu bewerten wäre als pflanzliches und das Leben von emotionsgesteuerten Säugetieren höher als das von Insekten. Eine stufenweise Abwägung, die immer auch strittig ist, gehört zu einer ökologischen Bewusstheit.

Bewusstheit kann rituell eingeübt werden: Ein monatlicher oder vierteljährlicher »Tag der ökologischen Achtsamkeit« könnte einen Anfang darstellen, um Aufmerksamkeit für das Thema zu wecken. Wir sagten oben, dass im sakramentalen Ritual das, was von der Zukunft erwartet wird, als Zielpunkt der Sehnsucht, der Motivation und des Handelns vergegenwärtigt wird. Über die UNO oder zunächst nationale Netzwerke könnte dieser Gedanke zu einem Menschheitsritual führen, das motivierend wirkt. Kunst, Medien, ökologische Projekte könnten eingebracht und prämiert werden. Durch Mut zum Handeln wird weitere Motivation und Kreativität freigesetzt. Damit könnte eine neue ökosophische Utopie entstehen, die konkretes Handeln beflügelt und weltgemeinschaftliche Solidarität generiert, und zwar jenseits der institutionalisierten Religionen, aber unter Einschluss der Erfahrung der Religionen, die jeweils auch ihr traditionelles mythisches und rituelles Kolorit darin neu bewahren und bewähren können.

2. *Leit- und Weltbilder.* Handeln beginnt im Kopf, d. h., es ist kritisch zu prüfen, nach welchen Leit- bzw. Weltbildern wir handeln. Es ist falsch zu behaupten, dass die Mehrheit der Menschheit einem individualistisch-egozentrischen Konsumerismus folge. Dies mag auf die so genannten entwickelten Volkswirtschaften des Westens zutreffen, nicht aber auf asiatische und afrikanische Gesellschaften, die wesentlich von Gemeinschaftssinn geprägt sind. Solche anderen Lebensmodelle erzeugten schon bei den europäi-

schen Entdeckungsreisenden seit dem 15. Jahrhundert und heute durch Tourismus Neugier und Sehnsüchte auch in Europa und Amerika, die aber im Alltag marginalisiert bzw. verdrängt werden. Es ist möglich, Gemeinschaftsmodelle, wie sie etwa auch schon in Mehrgenerationenhäusern, in Betreuungsgemeinschaften usw. gelebt werden, stärker bewusst zu machen. Möglicherweise können internetgestützte soziale Netzwerke eingerichtet werden, die solche Modelle propagieren, Anregungen geben und Interessierte miteinander in Kontakt bringen. Kommunikationsmodelle zu erneuern und in universalen Mythen zu verorten, war ein klassisches Anliegen von Religionen. Dieses Potential kann neu erschlossen werden.

Um das Potential differenzierter in den Blick zu nehmen, sollen vier Modelle von Weltbildern unterschieden werden:[35]

a) Das *chinesisch-daoistische Modell* favorisiert die Balance von polaren Kräften wie Aktivität und Ruhe, Natur und Kultur, Individuum und Gesellschaft. Gleichgewichte stellen sich nur her durch Zurücknahme. Für moderne Gesellschaften, die an Hektik leiden, wäre hier vor allem die Schönheit der Muße zu lernen, d. h. die Zurücknahme muss als Gewinn von Lebensqualität erfahrbar werden.

b) Das *indisch-hinduistische Modell* des Kreislaufs des leidvollen Lebens (*samsara*) favorisiert die Einheit der Wirklichkeit trotz des Leidens-Kreislaufs von Armut, Alter, Krankheit und Tod. Wenn der Mensch auf ein größeres Ganzes ausgerichtet ist, das die Religionen als die transzendente göttliche Dimension beschreiben, können Egozentrismus und die damit verbundenen zerstörerischen Dynamiken eingedämmt werden. Eine

---

[35] C. Ponting, *A New Green History of the World. The Environment and the Collapse of Great Civilisations*, London 2007, 127 f.

solche Haltung ist durch Bewusstseinstraining erlernbar. Für moderne Gesellschaften, die an der Verengung
des Rationalen und Zerstreuung durch ein Übermaß an
Sinnesreizen leiden, wäre hier vor allem die Ausschöp-
fung des Geistestrainings zu lernen, bei dem Kognition
und Emotion in Übereinstimmung mit der Leiblichkeit
des Menschen erfahrbar werden. Auch die Praxis dezentralisierter Netzwerke hat in diesem Modell eine
starke Stütze.

c) Die *Modelle von schriftlosen Völkern*, die meist in
Stammesgesellschaften leben, beruhen auf der Erfahrung der wechselseitigen Abhängigkeit von Pflanzen-
welt, Tierwelt und menschlicher Gesellschaft sowie
der reziproken flach-hierarchischen sozialen Beziehungen. Für moderne Gesellschaften, die an Vereinsamung
der Individuen leiden, wäre hier vor allem die Wechselseitigkeit kreativ gestalteten Gebens und Nehmens z. B.
in generationenübergreifenden und auf Tauschbasis organisierten sozialen Hilfsmodellen zu lernen.

d) Das *moderne westliche Modell* des kompetitiven Individualismus und ungebremsten quantitativen Wachstums ist wegen der Begrenztheit von Ressourcen nicht
zukunftsfähig. Es ist ein Geschichtsdenken, das den
Fortschritt in eine Zukunft durch quantitativen Mehr-
verbrauch von Ressourcen beinhaltet, während das
der Natur inhärente Kreislaufmodell von einseitiger
Geschichtsdynamik buchstäblich aufgefressen wird.
Gleichwohl hat das westliche Modell die individuell
und rational begründete Eigenverantwortung herausgebildet, wonach sich der Mensch als einsichts- und
lernfähig erweist, was Voraussetzung für begründete
Umgestaltungsprozesse ist, ein hohes Gut also! Im 19.
und 20. Jahrhundert waren die westlichen Religionen
stolz auf ihren Individualismus, die Entfaltung der Rationalität und ihr scheinbar überlegenes Geschichts-

denken, das gegen ein angeblich minderwertiges Kreislaufdenken Asiens in Stellung gebracht und missionarisch ausgenutzt wurde. Beide Modelle und Erfahrungen nicht gegeneinander auszuspielen, sondern eine kulturelle Evolution analog zur Evolution der Natur zu denken, die sich dementsprechend in Kreisläufen und Rückkopplungen vollzieht und auf diese Weise kreative Emergenzen ermöglicht, wäre Inbegriff einer *dialogischen interreligiösen Kulturanalytik*.

Allerdings ist offenkundig, dass auch die indischen und chinesischen Gesellschaften und möglicherweise auch Stammesgesellschaften ihre jeweilige Mitwelt quantitativ ausgebeutet und ökologisch angegriffen, in Teilaspekten sogar zerstört haben.[36] Einige Daten weisen darauf hin, dass sich die alt-indische Induskultur möglicherweise wortwörtlich das Wasser selbst abgegraben hat. Es wäre naiv, traditionalistisch zu argumentieren und alte kulturelle Modelle auf moderne Verhältnisse übertragen zu wollen, denn weder haben alte Kulturen ökologisch nachhaltig gewirtschaftet, noch sind die Probleme moderner Urbanität und Globalität mit traditionellen begrenzten Kulturmustern lösbar.

Das heißt aber nicht, dass nicht doch bestimmte Denkformen rational erwogen und bewusst für heutige Umgestaltungen fruchtbar gemacht werden können, und dies ist insbesondere die Erkenntnis der wechselseitigen Abhängigkeit aller Erscheinungen, die wir nun in einigen Konkretisierungen aktualisieren wollen:

3. *Eine neue »Grundrechenart« für alle Kulturen*. Die buddhistische Einsicht des »Entstehens aller Erscheinungen in wechselseitiger Abhängigkeit« (*pratityasamutpada*, co-dependent origination) ist ein systemischer Gedan-

---

[36] J. Diamond, *Kollaps: Warum Gesellschaften untergehen oder überleben*, Frankfurt 2005.

ke, der eine »Grundrechenart« für alle kulturellen Aktivitäten der zukünftigen Menschheit werden könnte. Initiativen, Workshops, Bildungsprogramme, kulturelle Festivals, Tanzdramen, Filmepen usw. können diese Gedanken sinnlich darstellbar machen und so allmählich zu einem Grundmodus der Wahrnehmung gestalten. Es geht um systemisches, nicht um substantialistisches Denken. Allerdings wird eine Veränderung des Denkens nicht genügen. Emotionen können motivierend sein, wenn sie durch Vernunft geleitet sind, und genau darum geht es. Es gibt bereits viele Branchen (wie z. B. »Design Thinking«, »Social Presencing Theater«), die solche Möglichkeiten realisieren, dies sollte zu einer kulturellen Gesamtbewegung führen, die von der Politik, den Kirchen, Stiftungen und der Filmbranche gezielt angestoßen, umgesetzt und begleitet werden kann.

4. *Natur und Kultur als Einheit.* Nur zwei Beispiele sollen verdeutlichen, dass eine scharfe Trennung von Natur und Kultur, von »Basis« und »Überbau«, von wirtschaftlichem und kulturellem Handeln keineswegs zwangsläufig, sondern ein problematisches Denkmuster ist. Die alte ägyptische Kultur steht und fällt mit dem Nil. Er ist fruchtbringend und zerstörerisch. Gerade diese Ambivalenz kulturell einzuhegen und zu gestalten ist das, was Ägypten ausmacht. Das politische wie wirtschaftliche Handeln im alten Ägypten folgt dem Naturkreislauf, es ist kein Gegenentwurf zur Natur. Die Beachtung dieses Kreislaufs und die Legitimation zur Herrschaft bedingen einander. Das zweite Beispiel ist der chinesisch-japanische Garten. Hier soll man nicht auf den ersten Blick erkennen können, wo Natur aufhört und Kultur beginnt, denn beide sind aufs Engste miteinander verwoben. Dies könnte ein Modell sein nicht nur für die Landschaftspflege, sondern für ein anderes Design in vielen Lebensbereichen. Auch hier sollte der Staat Rahmenbedingungen für diejenigen for-

mulieren, die im Wettbewerb um elegante Lösungen ringen. Öffentliche Aufträge wären dann nicht nur nach finanziellen, sondern auch nach ästhetischen und ökologischen Kriterien zu vergeben.

5. *Utopien und Fortschritt.* Utopien haben, eingebettet in Mythen, gesellschaftlichen Zusammenhalt ermöglicht. Traditionelle Gesellschaften waren überschaubar und strukturell stabil, sie waren in Gemeinschaften organisiert, die wenig durchlässig waren, dafür aber Sicherheit des Lebensrahmens gewährleisteten. Seit der Industrialisierung und Urbanisierung lebt ein Großteil der Menschheit in anonymen Gesellschaften, deren Zusammenspiel institutionell geregelt wird und ständiger Veränderung unterworfen ist. Die Beschleunigung aller Lebensbereiche (Hartmut Rosa), prekäre Arbeits- und Lebensverhältnisse, Anonymität in der Urbanität, die Forderung nach Flexibilität, das unvermeidliche lebenslange Lernen – all dies bewirkt das Gefühl von Heimatlosigkeit, Überforderung, Unsicherheit. So entsteht teils in bewusster Abkehr vom Ideal der Freiheit ein Ruf nach totalitär gestützten Systemen, die Sicherheit versprechen. Lethargie und Angst behindern kreatives Handeln; der Glaube an den automatischen Fortschritt verblasst. Es gibt genug Beispiele des Rückschritts in Barbarei, Totalitarismus und Armut. Utopien zeigen einen Gegenentwurf. Europa ist durch die christliche Utopie einer besseren Welt (»Reich Gottes«) geprägt worden, wie unterschiedlich diese Vision auch immer gedeutet wurde – sie motiviert zum Handeln, individuell wie gesellschaftlich. Utopien werden allerdings dann zu gewaltbereiten Ideologien, wenn sie mit allen Mitteln in absehbarer Zeit radikal umgesetzt werden sollen. Dann werden sie repressiv – der Kommunismus und der Nationalsozialismus sind erschreckende Beispiele dafür. Utopien können sich aber auch als produktiver Motor für mutiges Engagement in evolutionären Umgestaltungs-

prozessen erweisen, die kreativ und gewaltfrei, pluralistisch und kompetitiv die Lebensbedingungen und die Wirtschaft reformieren. Dies ist in der Religionsgeschichte durch Rituale erreicht worden. Die zum materialistischen Rausch verkommene Fest- und Feiertagskultur könnte sich aus solchem utopischen Bewusstsein erneuern. Sinnentleertes Konsumverhalten könnte sich in zielorientiertes Handeln verwandeln, weil die Ziele in der Utopie angegeben werden. Auch hier spielen künstlerische Gestaltungsmöglichkeiten eine entscheidende Rolle.

6. *Institution und Charisma.* Wenn wir die Kulturgeschichte (einschließlich der Religionsgeschichte als fundamentalem Aspekt von Kultur) betrachten, so sind häufige Wendepunkte in der Geschichte (aus heutiger Sicht positiv wie negativ) dann möglich geworden, wenn charismatische Persönlichkeiten und die Schaffung neuer Institutionen Hand in Hand gehen. Dies zeigt sich zum Beispiel an Gestalten wie Ashoka, Franziskus, Luther, Nichiren, Marx, Gandhi, in neuerer Zeit auch Albert Schweitzer, Nelson Mandela, dem XIV. Dalai Lama, und vielen anderen.

Eine genauere Analyse zeigt, dass Faktoren eine Rolle spielen, die auch für den heutigen Kulturwandel relevant sind. Solche Faktoren müssen erkannt werden. Auch hier wären gezielte Darstellungen in den sozialen Medien hilfreich, gestützt durch konkrete Projekte in den Brennpunkten gesellschaftlichen Lebens. So könnten z. B. die Aktivitäten der Preisträger des Right Livelihood Award (Alternativer Nobelpreis) in Schulen und Weiterbildungseinrichtungen vorgestellt werden. Preisausschreiben für entsprechende Projekte in der je eigenen Umgebung könnten von den Regierungsinstitutionen (wie bisher die Ehrungen von Menschen mit zivilem Engagement) ausgelobt werden. Entscheidend wäre auch hier, dass die Medien eine pädagogische Aufgabe darin erkennen zu berichten und anzuregen. Folgenden Faktoren, deren Aufzählung keineswegs vollständig ist, kommt Bedeutung zu:

- Analyse der möglichen Akteure, die mobilisiert werden können, weil sie besonders leiden (Marx: das Proletariat).
- Eine zündende Idee, die den jeweiligen Bereich (Energie, Demographie, nachhaltiges Wirtschaften usw.) prinzipiell betrifft.
- Medien, die diese Idee transportieren (Luther: Gutenberg, Anagarika Dharmapala in Ceylon: Druckerpresse, Mahatma Gandhi: die kritische englische Presse, heute das Internet).
- Charismatische Persönlichkeiten, die den Mit-Akteuren das Gefühl von Zugehörigkeit zu einer größeren Bewegung (Sinnstiftung) geben (Gandhi, Thich Nhat Hanh, Dalai Lama).

7. *Elite und allgemeine Bildung.* Am Beispiel Chinas kann gezeigt werden, wie die chinesische Beamtenprüfung etwa 1300 Jahre lang das Land stabilisiert hat. Zwar war auch dieses System herrschaftsorientiert und korrumpierbar und wurde mangels seiner Flexibilität, auf die Moderne zu reagieren, im Jahre 1905 abgeschafft, aber das System beruhte auf Bildung (klassische Schriften besonders der Konfuzianer, Literatur, Künste, historisches Wissen) und war ein wesentlicher Faktor für die Herausbildung nationaler kultureller Identität, die den typisch chinesischen Kultur-Patriotismus hervorgebracht hat. Die Kritik, dass hier nur Allgemeinwissen verlangt werde und es am Spezialwissen fehle, tauchte freilich schon im 11. Jahrhundert auf. Gleichwohl sind Erfahrung mit diesem auf Leistung beruhenden politischen Auswahlsystem übertragbar: Wenn es denn »europäische Werte« gibt, dann müssen sie in einem solchen Kanon langfristig vermittelt werden und das moderne (Aus)Bildungswesen fundamental ergänzen. Dass dabei der Begriff der Bildungs- und Gesin-

nungselite einen positiven Beiklang finden könnte, wäre nicht zum Nachteil der Gesellschaft.

8. *Herrschaftslegitimation qualitativ begründen.* Am Staats-Modell des indischen Kaisers Ashoka kann man zeigen, wie eine Transformation der Gesellschaft für dieselbe plausibel und akzeptabel gemacht werden kann, wenn die Grundwerte und wesentlichen Erzählungen der Kultur, die vertraut sind und zumindest als Standards gelten, ins öffentliche Bewusstsein gerückt werden. Zwei Aspekte sind hier bezeichnend: Die Reue über seine militärische Gewalt, die Ashoka öffentlich bekundete, und die Propagierung von Alternativen. Die ethischen Maximen bleiben allgemein und pluralistisch begründet, d. h. er etabliert keine Staatsreligion. Wohl aber ist das öffentliche Handeln an der buddhistischen Ethik orientiert. Das pluralistische Ritual- und Religionsmodell und die Verbindlichkeit von ethischen Prinzipien (Gewaltfreiheit, Gerechtigkeit, Wohlstand für alle, Verantwortung des Staates für die Infrastruktur einschließlich des Schutzes der Tiere) schließen einander nicht aus. Ashoka erreicht dies mittels einer klugen Kommunikationsstrategie: Er lässt seine Manifeste überall auf Felsen und Säulen eingravieren und schickt »Dharma-Beamte« als Lehrer aus. Die Parallelen zu einem heute möglichen Regierungshandeln sind evident. Dies setzt voraus, dass Bewerber um öffentliche Ämter und Mandatsträger in Wahlen Mehrheiten erringen, ihre Kompetenz, die auf Bildung beruht, öffentlich nachzuweisen haben.

9. *Kooperation und Konfrontation.* Statt bei Konfrontationen zu bleiben, gilt es Strategien der Kooperation zu entwickeln. Einer der einflussreichsten Texte der Religionsgeschichte ist die indische *Bhagavad Gita*. Hier geht es um die Aufforderung zu einem »gerechten Krieg«, der die verletzte Ordnung wiederherstellen und Unrecht beenden soll. Gleichwohl hat Mahatma Gandhi diesen Text

als sein »Evangelium der Gewaltlosigkeit« interpretiert. Wie ist das möglich? Zwei Argumente werden vorgebracht: Erstens darf zur Gewalt nur dann gegriffen werden, wenn die Akteure ohne jedes Eigeninteresse handeln. Zweitens erweist sich Gott Krishna, der den zögernden Prinzen Arjuna belehrt, als das nicht rational erschließbare Mysterium der Welt. Gleichwohl bietet der Gott dem Menschen seine Freundschaft an. Das bedeutet, dass die Welt im letzten Grunde nicht dem rationalen Kalkül unterzogen werden kann, sondern dass der Mensch ihr mit staunender Bescheidenheit und Achtung gegenübertreten soll, wobei im heutigen Erfahrungshorizont militärische Gewalt keine Option sein darf. Dennoch muss der Mensch handeln, indem er mit den lebenserhaltenden Kräften kooperiert. Jede Konfrontation ist nur ein Durchgangsstadium für Kooperation in größeren Zusammenhängen. Das gilt für jedes politische wie wirtschaftliche Handeln. Ein Paradigmenwechsel vom kurzfristigen Gewinn zu langfristiger Wohlfahrtsmehrung ist angezeigt. Die Wechselwirkungen globaler Interdependenz müssen in Rechnung gestellt werden. Das entspricht einer umfassenden Deutung des indischen Kreislaufdenkens. Demnach ist die Menschenwelt eingebettet in die Bereiche der Tiere, der Geister und Götter, d. h. die belebte Welt beruht auf einem Wechselspiel der Kräfte und jedes Handeln ist reziprok, denn es wirkt auf den Handelnden zurück. Diese Denkform wird in der indischen Kultur an unzähligen Mythen, Erzählungen und Gleichnissen verdeutlicht und in Ritualen vergegenwärtigt. Dies nicht als Duktus einer fernen Religionswelt zu begreifen, sondern als Möglichkeit der kulturellen Erneuerung neu zu formulieren, die sich auf die Fragen nach dem Klima, der Energiebilanz, der Recyclingwirtschaft usw. auswirkt, ist die Aufgabe.

10. *Nicht Drohung, sondern Transformation.* Nicht durch Drohung, sondern durch Einsicht wird der Mensch zur

Transformation bewegt. Einsicht aber darf nicht nur kognitiv sein, sondern muss auch Emotionen und Gestaltungswillen umfassen. Das bedeutet, dass der Kulturwandel eine wesentlich ästhetische Grundlage hat: Nachhaltig bzw. reziprok zu denken, zu leben und zu wirtschaften ist schön. Es schafft Befriedigung und Qualität. Eine ästhetische Umwertung braucht Zeit, wenn sie die Gesellschaft insgesamt betreffen soll, aber sie kann klug initiiert werden, wie z. B. aus den Dynamiken von Mode und Werbung bekannt ist. Durch spielerische Einübung Motivationen zu generieren, die das Konsumverhalten verändern, ist möglich: Computer-Games, die intelligente Verkehrsvernetzungen erproben; Holzbaukästen und -modelle, die statt Plastik zunächst im Spiel, dann auch in der Realität ökologisch sinnvolles und ökonomisch erschwingliches Bauen einüben; Wettbewerbe zur Energiebilanz nicht nur beim Betrieb, sondern auch beim Bau von Wohn- und Verkehrssystemen; die gezielte Stimulation für die Nachfrage nach Bio-Produkten; die Werbung für die Vorzüge von Telefonkonferenzen statt unnötige Reisen, und vieles mehr. Es muss nicht nur für die Ober- und Mittelschichten, sondern für die breite Bevölkerung »chic« werden, entsprechenden Orientierungen zu folgen, was nicht nur durch Anreizsysteme wie Preisgestaltung und Steuerentlastungen erreichbar wird, sondern auch durch Wettbewerbe, Trendsetter, Rituale und andere ästhetische Interventionen.

11. *Ambiguitätstoleranz.* Wichtig ist, Ambiguitätstoleranz zu kultivieren. Menschen tendieren wohl aus dem Bedürfnis kognitiv-emotionaler Selbstvergewisserung dazu, Vielfalt und Komplexität zu reduzieren. Die Suche nach Eindeutigkeit kann Sicherheit und Macht verleihen, sie hat aber monokausales Denken zur Folge, das in die Irre führt. Stattdessen muss man lernen, mit »vielfältigen Wahrheiten in einer uneindeutigen Welt« (Thomas Bau-

er) umzugehen. Zeichen und Umstände können demnach mehrere Bedeutungen haben, und die Uneindeutigkeit ist es, die den Geist zu kreativen Leistungen antreibt. Aber sie ist unbequem. Ambiguität ist der Spiegel, in dem die Vielfalt von Natur und Kultur erscheint. Alle Mythen mit janusköpfigen Gestalten oder unvorhersehbaren Metamorphosen göttlicher Wirkkraft stellen diese unerschöpfliche Realität in Rechnung. Sie zu kultivieren ermöglicht integrales Denken gegenüber einem bloß linearen Abspulen des ohnehin Bekannten.

VII Therapievorschlag: Elf Implementierungen

Mit den »Grundlagen der Therapie« haben wir zentrale menschliche Erfahrungen als wesentliche Ressourcen identifiziert, die sich aus historischen Analysen unterschiedlicher Kulturen ergeben. Wenn dieselben nun spezifisch auf die gegenwärtige ökologische Transformation angewendet werden, können wir konkreter werden: Der ökologische Umbau der modernen Industriegesellschaften muss vor allem als *Chance zu mehr Lebensqualität* durch gesteigerte Kreativität begriffen werden. Und das in doppelter Ausrichtung: als *technologische Innovation*, die weitgehend bereits im Gange ist, und als *soziale Transformation*. Denn der erforderliche Umbau kann von dem Problem der Gerechtigkeit und Lastenverteilung nicht abgekoppelt werden. Daran hängen vor allem die Akzeptanz und die Erarbeitung eines möglichst breiten gesellschaftlichen Konsenses. Dafür bedarf es des Mutes und des Geschickes sowie der Zivilcourage. Das heißt, wir brauchen vor allem:

- eine positive Zukunftsvision,
- groß angelegte Investitionsprogramme (grüner Wasserstoff, neue Transportsysteme, kluge Gebäudesanierung usw.),
- eine Steuerung von Investitionen (und Subventionen) in nachhaltige Land-, Wasser- und Forstwirtschaft, die die Erhaltung der Artenvielfalt und des Lebensraums der Wildtiere als wesentliches Ziel des Wirtschaftens begreift (Eindämmung von Zoonosen als einer Quelle von Pandemien),

- einen wirksam hohen Preis für Emissionen von CO_2 und anderer Schadstoffe (für Unternehmen und privaten Verbrauch unterschiedlich angepasst),
- staatliche Förderungen, die Anreize setzen und sektorenspezifisch differenziert sein müssen,
- faire Lastenverteilung, die den Strukturwandel regional und sozial differenziert abfedert (z.b. beim Wohnungsbau- und Mietrecht sowie bei Verkehrs-Tarifen).

Dabei ist es unumgänglich, *institutionelle Strukturen* zu schaffen, die die *Vernetztheit* dieser Aspekte abbilden und implementieren.

Angesichts der Komplexität der Probleme, mit denen die heutige Menschheit konfrontiert ist, erscheint es sinnvoll, zunächst eine Reduktion auf wesentliche Gesichtspunkte zu versuchen, um eine gewisse Überschaubarkeit in die Gemengelage zu bringen, weil sonst die Motivation zum Handeln gedämpft werden könnte. So unterscheiden wir:

- das *Zeitproblem*, wonach nicht kurzfristig, sondern langfristig zu denken und zu rechnen ist;
- das *Demographie*-Problem, das nur lösbar ist, wenn Gesellschaften Stabilität und langfristig konzipierte Sicherheit vermitteln können;
- das Problem *quantitativen Wachstums*, dem qualitatives Wachstum entgegengesetzt werden muss, was nur in zyklischen Modellen (Recycling, Energiekreisläufe, Wassernutzungskreisläufe, ökologische Stadtplanung, die keine Übernutzung der Landflächen zulässt usw.) funktionieren kann.

Den hier genannten Problemen ist ein gemeinsames Merkmal eigen: die einlinige Kausalität oder »Monokausalitis« (Ernst Pöppel). Systemische und vernetzte Lösungsansätze gewinnen in (fast) allen Lebensbereichen an Bedeutung. Dieselben zu verstärken und durch interreligiös vergleichbare Erzählungen plausibel zu machen, damit Motivationen zum Handeln geweckt werden, ist die Aufgabe. Wir ordnen die

Vorschläge nach drei Feldern *kultureller Erneuerung*, weil Erneuerung ein Handeln impliziert, das durch veränderte *Wahrnehmung* vorbereitet und motiviert, durch *Kommunikation* vergesellschaftet und durch wirtschaftliches wie kulturelles *Engagement* praktiziert wird, wobei Bildung eine Voraussetzung dafür ist, dass sich das Handeln in einem Zusammenhang von Raum und Zeit vollziehen kann, der die Erfahrung des Individuums übersteigt. Allerdings hängen alle drei Felder miteinander zusammen und setzen wechselseitige Motivationen frei. Es geht also um:

a) Steuerung von Wahrnehmung und Kommunikation (1.–4.)
b) Steuerung der Wirtschaftspolitik (5.–8.)
c) Steuerung der Bildung (9.–11.)

1. Langfristige Vision – konkrete Ziele

Die desaströse Zerstörung von nachhaltigen Kreisläufen in Natur und Gesellschaft ist auch ein Problem der Zeitwahrnehmung: Um der kurzfristigen Gewinnmaximierung und Effizienzsteigerung willen werden langfristige Strategien ignoriert. Nachhaltiges Denken und Verhalten setzt hingegen längere Zeitperspektiven voraus. Entsprechendes Denken ist erlernbar. In Schulen und weiterführenden Bildungseinrichtungen können durch Stiftungen gezielte Programme eingeführt werden, die diese Zeit-Perspektiven-Differenz in Wissenschaft, Wirtschaft, Politik und Gesellschaft verdeutlichen und einüben. Unternehmen sollen ermutigt werden, entsprechende Besoldungsanreize für Management und Mitarbeiter zu setzen. Besonders die irrational-zerstörerische spekulative Finanzwirtschaft muss durch Reglement verlangsamt und an die Realwirtschaft rückgekoppelt werden. Gewinn durch pure Spekulation muss durch Besteuerung drastisch eingeschränkt werden. Kulturell hängt dies mit dem oben beschriebenen »sakramentalen Denken« zusammen. In (fast) allen universitären Disziplinen können Arbeiten angeregt und ausgelobt werden, die ein solches Denken in gegenwärtige Sprache und Lebens-Strategien übersetzen. Vielleicht wäre es möglich, an einer der deutschen Hochschulen ein Institut für modernes bzw. säkulares sakrales Denken zu etablieren, das entsprechende kreative Impulse freisetzt. Außerdem könnte national und international ein Welt-Lebens-Tag etabliert werden, der durch performative Aktivitäten auf die ungenutzten Möglichkeiten dieses Zeit-Perspektivenwechsels verweist.

Gleichzeitig allerdings muss im Blick behalten werden, dass langfristige Perspektiven verblassen, wenn nicht konkrete überschaubare Ziele gesetzt werden, deren kurzfristig erlebbarer Erfolg motiviert. So wie heute bereits Energieberatung als neue Strategie etabliert ist, könnte es Institute zur Zeit- und Strategieberatung geben, die diese beiden Aspekte in differenzierter Weise implementieren hilft.

2. Rahmenbedingungen für Kooperation und Konkurrenz

Wettbewerb ist die Triebkraft der Evolution. Die Frage allerdings, ob menschliche Individuen selbstbezogen nur den eigenen Vorteil suchen oder in Kooperation mit anderen eine angepasste Lebensstrategie entwickeln, ist so alt wie die dokumentierte Geschichte. Der analytische Blick in die Geschichte, anthropologische Vergleiche und psychologische Experimente zeigen, dass es beides gibt. Stehen beide Prinzipien im Widerspruch zueinander? Die moderne Ökonomie scheint davon auszugehen. Adam Smith formuliert das Prinzip, dass der Markt die ökonomischen Beziehungen reguliert und die Akteure am Markt dann am effektivsten handeln, wenn sie sich vom Eigeninteresse leiten lassen und ihren Eigennutzen optimieren. Altruismus sei demnach kein ökonomisches Prinzip. Diese Unterscheidung als Gegensatz zu begreifen, hängt allerdings an einer Voraussetzung, die keineswegs ein allgemeingültiges Naturgesetz bezeichnet: an dem Gegensatz des Eigenen und des Anderen. Wie wir argumentiert hatten, wird in vielen asiatischen Denkformen, ganz besonders im Buddhismus, genau dieser Gegensatz als die logisch bestreitbare Illusion begriffen: Demnach entwickelt sich das Eigene nämlich nur mit und an dem Anderen und umgekehrt, beide sind Pole an einer wechselseitigen Abhängigkeitsbeziehung. Das verändert die Perspektive auf unterschiedliche Interessen gesellschaftlicher Akteure, einschließlich der ökonomischen Verhältnisse, grundlegend: Interessen entstehen miteinander, der Gegensatz ist Teil einer umfassenderen Dynamik der wechselseitigen Stabilisierung des dynamischen Systems! Auch die wissenschaftlich-technologische Zivilisation konnte sich seit Renaissance und Aufklärung nur in dieser Dynamik von Differenz und Kooperation entwickeln, sie bedarf bis heute eines »Lebensraumes«, der nur durch ein hohes Maß an Kooperation geschaffen werden kann. Konkurrenz ist ein Mittel, diese Kooperation zu optimieren, nicht umgekehrt, d. h. das kooperative Verhalten ist der Rahmen, in dem Teil-Konkurrenzsysteme im Wettbewerb um die besseren Lösungen ringen. Die tradierten Mythen, Erzählungen und ethischen Maximen der Religionskulturen wären nicht das, was sie sind, wenn dem Einzelnen diese Einsicht nicht offenbar schwerfallen würde, d. h. wenn nicht die egozentrische Abkapselung eine andauernde Versuchung wäre. Dennoch weisen alle soziologischen Daten darauf hin, dass auch heutige Menschen ihr Glück vor allem darin sehen, dass sie in Familien- und Freundschaftsbeziehungen die Verwirklichung individuellen Glücks suchen, d. h. individuelles wie soziales Glück sind aufeinander bezogen. Allerdings hat sich der Bezugsrahmen gewandelt: Kleinfamilie, Clan, Großfamilie, Dorf, Gegend, Nationalstaat, Kontinent usw. markieren jeweilige Identitätsgruppen, auf die sich der Kooperationsrahmen beziehen kann, und der jeweils nicht im System Integrierte ist dann als Konkurrent ausgegrenzt. Das heutige Aktionsfeld von Wirtschaft und Politik ist die gesamte Erde, und dennoch behalten lokale Kooperationsstrukturen ihren Sinn, weil sie Überschaubarkeit und emotionale Bindungen ermöglichen, auch hier gilt ein *identitätsstiftendes Subsidiaritätsprinzip*. Die großen Wirtschafts- und Organisations- wie Kommunikationskreisläufe und vor allem die ökologischen Probleme verlangen ein globales funktionales System. Sowohl in der Erziehung als auch bei der Gesetzgebung müssen Rahmenbedingungen bzw. Spielregeln geschaffen werden, die das Lokale und das Globale so miteinander vermitteln, dass staatlich kontrollierte Anreizsysteme ein Optimum an Kooperation bei gleichzeitig rational gezügelter Konkurrenz ermöglichen. In Anlehnung an Regelwerke zum internationalen Handel wie das der WTO kann es international gültige Regeln für global wirksame Nachhaltigkeit geben. Nur so kann die Gestaltungskraft des Einzelnen eingefordert, realisiert und in die Zyklen der Gestaltung von Kultur eingebunden werden.

3. Postkonventionelle Formen des gemeinsamen Lebens

Unter dem Stichwort »Shared economy« geht es um »nutzen und tauschen statt besitzen« (Stefan Brunnhuber). Es geht darum, kommunitäre Produktions- und Verbrauchsverbünde zu entwickeln, die nicht disruptiv das Gesellschaftssystem stürzen wollen, sondern eher »expansiv, komplementär, synergistisch, additiv und antizyklisch«, d. h. ergänzend zu den bisherigen Geschäftsmodellen und im Wettbewerb mit ihnen Nachhaltigkeit implementieren. *Es geht um Partizipation am schöpferischen Gestalten, erst in zweiter Linie und untergeordnet um Profitmaximierung*, oder um »Teilen vor Konkurrenz, Zugang vor Profit, Entwicklung vor Wachstum, Qualität vor Quantität«.[37] Dabei ist die »Lust am Verzicht«[38] ein Gewinn an Lebensqualität, zumal solche Kreisläufe gemeinsamer Nutzung von Geräten und Ressourcen gemeinschaftlich und rituell so gestaltet werden können, dass ästhetische Qualität und das Gefühl von Zusammengehörigkeit in alltäglichen Lebensvollzügen (Verkehr, Nutzung von Flächen und Gemeinschaftsräumen, Leihe von Geräten usw.) erfahrbar werden. Die »asketische Weltkultur« (C. F. von Weizsäcker) wird nur dann durchsetzbar sein, wenn sie mit lustvollen Erfahrungen im sozialen wie ästhetischen Bereich, also mit Gemeinschafts- und Schönheitserfahrungen verbunden ist. Genau das zeigt eine Analyse zahlreicher Projekte dieser Art, und auch die Erfahrungen Gandhis könnten in diesem Kontext neue Bedeutung gewinnen. Als heutiges Beispiel kann das Modell des »car sharing«, aber auch des »public viewing« gelten. Der Staat kann hier durch Steueranreize und mediale Verstärkung sowie ein rituell kreativ gestaltetes Belohnungssystem aktiv fördernd eingreifen.

4. Bildungspotential der öffentlich-rechtlichen Medien

Um die mehrfach eingeforderte Bildungs-Kommunikation zu ermöglichen, ist es unerlässlich, dass die öffentlich-rechtlichen Medien finanziell so ausgestattet werden, dass sie keine kommerziellen Erwägungen an qualitativ hochwertiger Programmgestaltung hindern. Rundfunk, Fernsehen und vor allem die vom Internet gestützten Medien müssen unter parlamentarischer Kontrolle klug, didaktisch sinnvoll und

---

[37] S. Brunnhuber, *Die Kunst der Transformation. Wie wir lernen, die Welt zu verändern*, Freiburg 2016, 47–51. Anregungen aus diesem Buch sind hier von mir aufgenommen worden.
[38] Ebd., 250.

mit Breitenwirkung so eingesetzt werden können, dass die genannten Bildungsaufgaben wahrgenommen und nicht durch seichtes Entertainment verwässert werden. So wie der Staat verpflichtet ist, die physische Infrastruktur der Verkehrswege (Schiene und Straße) bereitzustellen und zu pflegen, so hat er diese Pflicht auch für die kulturell-mediale und vor allem bildungsmäßige Infrastruktur zu erfüllen. Dabei setzt er die Regeln und reguliert die prinzipiellen Inhalte, die sodann lokal differenziert und in kreativer Vielfalt durch die jeweiligen Medien umgesetzt werden. Auch hier kann das Prinzip der generellen zentralen Steuerung und höchstmöglich pluralen Umsetzung kreative Potentiale fördern, die mit wenig Bürokratie ein Optimum an nachhaltigen Bildungsinhalten vermitteln.

Dies ist allerdings auch eine internationale Aufgabe, denn Nachhaltigkeit ist nicht nur ein ökologisches Problem, sondern auch ein mental-emotionales auf individueller wie sozialer Ebene. Eine aus dem Ruder geratene Emotions- und Kommunikationskultur muss international reguliert und bei Verstößen strikt sanktioniert werden. Gemeint ist die Kontrolle des Internets vor Hass- und Gewalttiraden, die nicht tolerierbar sind. So wie es für Printmedien Restriktionen zumindest auf nationaler Ebene gibt, muss die internationale Gemeinschaft Anstandsregeln für die Sprache im Internet finden. Was tolerierbar ist und was nicht, muss im streitbaren Diskurs ausgehandelt werden. Eine Internet Governance muss für Rechtsstaatlichkeit im Cyberspace sorgen, wobei staatliche und nichtstaatliche Akteure (digitale Wirtschaft, Zivilgesellschaft) zusammenwirken können, um die Freiheit und Kreativität des Internet gerade durch strikte Kontrolle des Destruktiven zu erhalten, denn Cyberspace und Menschenrechte sind miteinander verknüpft. Ein Blick in die Kultur- und Religionsgeschichte zeigt, dass die Kulturen dabei nicht weit auseinander liegen. Es sind hingegen kurzfristige politische Interessen, die den Anschein des Dissenses in grundlegenden kulturellen Wertefragen erwecken. Dies offenzulegen und in rationaler Argumentation Gegenstrategien zu entwickeln, ist eine dringende weltweite Aufgabe, derer sich die Institutionen der Politik, der Religionen, der Bildung und der Kommunikationssysteme annehmen müssen.

5. Kreisläufe in Ökologie und Ökonomie

Bereits jetzt sind in zahlreichen Instituten, Unternehmen und Gemeinden Projekte etabliert, die Recycling-Systeme praktisch umsetzen. Es geht dabei um mehr als Modellprojekte, nämlich um die grundsätzliche Einheit von Ökologie und Ökonomie. Eine Ökonomie, die ökologisch zerstörerisch wirkt, ist nicht nur lebensfeindlich, sondern auch ökonomisch unrentabel – in langfristiger Perspektive. Die Rechnungen müssen alle Parameter, vor allem den Verbrauch von versteckten Ressourcen, einbeziehen. Durch vom Staat gesetzte Rahmenbedingungen wie auch durch ein Umdenken auf breiter Basis in der Bevölkerung sind entsprechende Innovationen möglich. Der Weg muss und wird gehen von einer Ökonomie des Besitzens zu einer Ökonomie des Teilens (Jeremy Rifkin). Das betrifft vor allem die Vernetzung von Energie, Mobilität und Kommunikation durch das »Internet der Dinge«. Hier werden dank der Möglichkeiten der Digitalisierung ressourceneffiziente Systeme entstehen, die nicht besitz-, sondern nutzerorientiert sind sowie dezentrale Wirtschafts- und Entscheidungsstrukturen erzwingen, was sich wiederum auf die Praxis von Demokratie auswirkt: Die Dezentralisierung im Energiesektor durch die Nutzung erneuerbarer Energien, lokale Wirtschaftskreisläufe und Recyclingsysteme im Verbund mit Energiegewinnung sind funktionierende Beispiele dafür, wie technologisch-ökonomische Entwicklungen die demokratische Partizipation von mitverantwortlichen Bevölkerungsgruppen stärken können! Dabei geht es um systemisch-intelligente Selbststeuerung, wie wir sie auch als Prinzip der Systeme Künstlicher Intelligenz (KI) kennen. Unternehmen und Unternehmensverbünde sollten durch Anreizsysteme (Steuerentlastungen und Prämien, Boni bei Manager-Gehältern) entsprechend motiviert werden, wobei die lokale, die nationale und die europäische Ebene die Aufgaben genau austarieren sollen. Möglicherweise können Gründungen von Kooperativen auf allen Ebenen eine günstige institutionelle Form sein, um nachhaltiges Wirtschaften zu ermöglichen. Medien, Kirchen und Gewerkschaften können eine aktive Rolle bei der Motivationsbildung spielen.

Entscheidende Schnittstelle der ökologischen Transformation ist der ökologische Umbau der Wertschöpfungsketten, was durch technologische und strukturelle Innovationen möglich ist, die wiederum Akzeptanz bei den Akteuren und in der weiteren Bevölkerung voraussetzen, denn sie implizieren mutige Entscheidungen, deren Konsequenzen das Gesamtsystem Gesellschaft verändern, wobei die Details der Resultate nicht im Detail vorausgesagt werden können. Deshalb ist der Umbau auch ein Mut zum Wagnis, was wiederum einen Bewusstseinswandel voraussetzt, denn die alleinige Sehnsucht nach Sicherheit, Berechenbarkeit und Vermeidung des unternehmerischen Risikos hat Passivität und Trägheit zur Folge, die dem angestrebten Bewusstseinswandel nicht förderlich ist. Die Überwindung von Trägheit setzt ein Bewusstsein voraus, das in der Einheit von Einsicht und Emotion, von analytischem Denken und Charisma, zu kreativen Lösungen kommt. Und genau das ist ein wichtiger Aspekt der meditativen Bewusstseinskultivierung: die enge Verknüpfung von Intellekt und Emotion, von kognitiven und gefühlsmäßigen Impulsen.

Die Kette von Faktoren, die eine gesellschaftlich-ökologisch/ökosophische Transformation beschreibt, kann in den folgenden 10 Gliedern veranschaulicht werden. Jeder Schritt erfordert allerdings eine eigene informationsgestützte und strukturelle Transformation, aber alle wirken auf die jeweils anderen ein, weil die strukturellen Dynamiken einander bedingen und stimulieren oder eben hemmen:

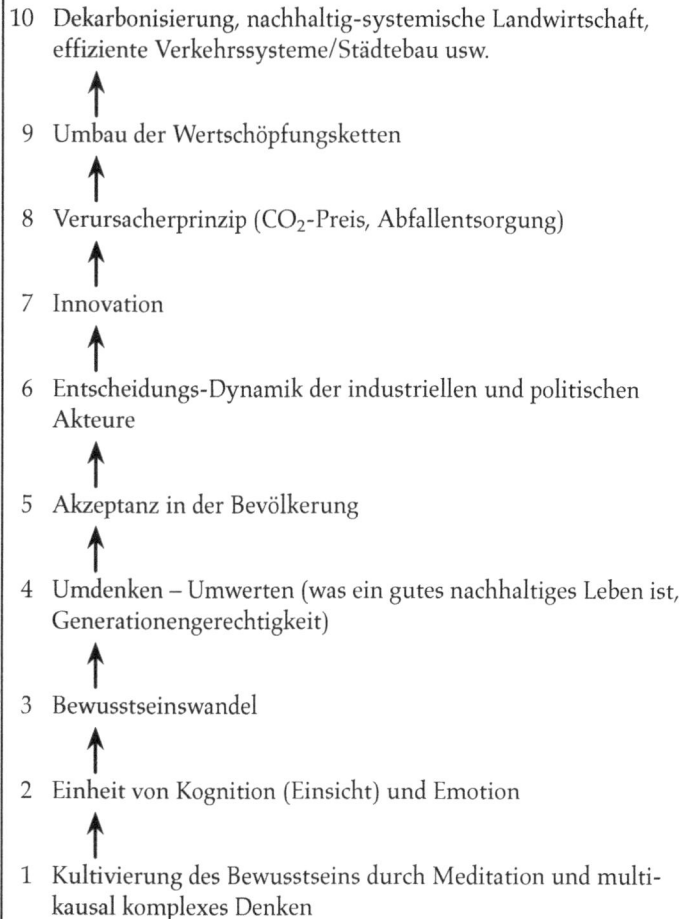

10 Dekarbonisierung, nachhaltig-systemische Landwirtschaft, effiziente Verkehrssysteme/Städtebau usw.

↑

9 Umbau der Wertschöpfungsketten

↑

8 Verursacherprinzip (CO_2-Preis, Abfallentsorgung)

↑

7 Innovation

↑

6 Entscheidungs-Dynamik der industriellen und politischen Akteure

↑

5 Akzeptanz in der Bevölkerung

↑

4 Umdenken – Umwerten (was ein gutes nachhaltiges Leben ist, Generationengerechtigkeit)

↑

3 Bewusstseinswandel

↑

2 Einheit von Kognition (Einsicht) und Emotion

↑

1 Kultivierung des Bewusstseins durch Meditation und multikausal komplexes Denken

6. Ordnungspolitik international –
Internationales Umwelt- und Finanz-Gericht

So wie beim Internationalen Gerichtshof Menschenrechte verteidigt werden, können es auch Umweltrechte sein. Es ist keineswegs der Fall, dass Markt und Moral nicht vereinbar wären. Wenn z. B. Wissenschaftler errechnen, dass die Migration aus Afrika mit unfairen Handelspraktiken zu tun hat, die auch von der EU gestützt und betrieben werden, so genügt nicht die Anklage, sondern es sollen und können Alternativen aufgezeigt werden, die Wohlstandsmehrung auf beiden Seiten befördern. Auch hier geht es um die Umsetzung und Sichtbarmachung von Strategien und Projekten, die im Prinzip bekannt sind.

Wirtschaftshandeln wird wesentlich durch Kapitalströme beeinflusst, und zwar durch reale wie fiktive, d. h. die *Analyse* des Bestandes und die *Erwartung* hinsichtlich von Möglichkeiten beeinflussen die Kapitalmärkte gleichzeitig. Die enormen Summen von Anlagekapital, das mit hoher Geschwindigkeit in Umlauf gesetzt, abgezogen, geparkt und neu investiert wird, können in kürzester Zeit ganze Wirtschaftskreisläufe aufbauen oder vernichten, ohne dass rationale Entscheidungen von realen Menschen diese beeinflussen würden. Die Kurzfristigkeit spiegelt sich im Boni-System der Manager, die für einen kurzfristigen und eingeengten Blick auf wenige Parameter belohnt, für langfristige Erwägungen hingegen bestraft werden. Die Situation hat sich während der letzten 30 Jahre derartig verschärft, dass internationale politische restriktive Steuerung zu einer Überlebensfrage wird. Die Globalisierung hat weltweit zu viele Verlierer bzw. Unbeteiligte hervorgebracht, was die Demokratien gefährdet. Ein wesentlicher Grund ist die Zentralisierung, vor allem auch in der Finanzwirtschaft.

Geld sucht Anlage, Menschen suchen Gemeinschaft. Beide Parameter müssen in einen sinnvollen Zusammenhang gebracht werden.[39] Dem (unteren) Mittelstand in den weniger entwickelten Ländern fehlt das Kapital, der Reichtum ist in den Kapitalflüssen zu stark zentralisiert und spekulativ angehäuft. So müssen etwa durch staatliche Eingriffe die spekulativen Anlagen in Immobilien unattraktiv gemacht werden, damit der Verteuerung des Wohnraums in Ballungszentren Einhalt geboten wird. Nachhaltiges Wirtschaften ist kaum möglich, wenn nicht der Finanzverkehr rationalisiert und auf langfristige Parameter abgestellt wird. Dies erfordert konkrete Strategien, die gleichwohl auf nationaler Ebene beginnen können und plurale Modelle von Zweitwährungen und Investitionskreisläufen auf lokalen und regionalen Ebenen ermöglichen. Beim hier zu beschreibenden ökologisch-sozialen Umbau der Industriegesellschaften kommt der »Zwischenebene« zwischen Staat und Bürger, also den lokalen und kommunalen Strukturen, eine Schlüsselstellung zu, weil hier dezentralisierte Gestaltungsmöglichkeiten entstehen: der Einzelne erlebt, dass sein Beitrag zählt, er wird »ermächtigt«, partizipiert und kann damit in seiner Verantwortung gestärkt werden, d. h., er fühlt sich wahrgenommen, was Frustration und Gewaltbereitschaft abbaut und die Demokratie stärkt – sei es durch Verbrauchsreduktion von fossilen Energieträgern, die Produktion erneuerbarer Energien (Solarpanels auf dem Dach), die Stärkung der Kreisläufe von Regionalwirtschaften, eine kleinteiligere dezentrale Landwirtschaft usw. Ein Blick in die Kultur- und Wirtschaftsgeschichte ganz unterschiedlicher Epochen und Regionen lehrt, dass Stabilität wächst, wo *zentrale Aufsicht über strikte Regeln mit lokaler Pluralität von Gestaltungsmöglichkeiten* Hand in Hand gehen. Es ist ähnlich wie die gebotene Struktur

---

[39] Hier gibt es Beispiele. Das Engagement der Sparda-Bank München, eine »Gemeinwohl-Bilanz« zu erstellen und durch entsprechende »Nachhaltigkeits-Berichte« Finanzströme so zu lenken, dass sie längerfristig ökologisch-sozial verträgliche Projekte finanzieren, ist ein wichtiges Modell.

von Verkehrsregeln, die gleichwohl große Vielfalt der Verkehrsmittel, differente Geschwindigkeiten, Richtungen usw. nicht nur erlauben, sondern überhaupt erst ermöglichen. Ein ähnliches System mit einem internationalen Gericht als oberster Instanz ist für die Wirtschaft, ganz besonders die Finanzwirtschaft, denkbar.

So wäre es möglich, durch Internetbörsen Direktkontakte zwischen Anlegern und Kapitalbedürftigen auf dem Maklerprinzip herzustellen, eine Provision der Beteiligung gäbe es erst bei Gewinnen aus realwirtschaftlichem Handeln. Für das Kapital könnten staatliche Garantien (wie bei Bankeinlagen) die Kommunikation fördern. Um die Attraktivität der zu erwartenden Kapitalstreuung zu erhöhen, könnten solche Transaktionen, analog zu Aktivitäten von Stiftungen, steuerbegünstigt werden. Um die Kommunikation und Rückkopplung zu fördern (»Menschen suchen Gemeinschaft bzw. Netzwerke«), könnte ein jährliches oder halbjährliches Ritual, das Mitgliedern und Interessierten online und offline offensteht, einen »Tag der Verantwortungsgemeinschaft« zelebrieren, der sakramentalen Charakter hätte. Es wäre eine »Sakramentalität im Säkularen« unter Nennung von Namen derer, die für kreative Innovation ausgezeichnet werden, einer Geschenkbörse für Notleidende und der medialen Darstellung der Innovationen in entsprechenden Performanzen (Musik-, Tanz- und Filmrituale). Das wäre eine »Globalisierung, bei der starke Regionen und Verbünde die Treiber sind«, und nicht die unangreifbaren zentralisierten weltweit agierenden Monopolisten.[40]

---

[40] »Der Kapitalismus wird nicht mehr dominieren«. (Gespräch mit Jeremy Rifkin), SZ Wirtschaft Nr. 272, 26.11.2018, 24.

7. Umweltministerium mit Vetorecht

Entscheidend ist, dass das Verursacherprinzip angewendet wird, wodurch sich Rentabilitätsrechnungen realistisch verschieben. Ressourcenverbrauch sowie Emissionen können so genauer erfasst, dokumentiert und effizient eingepreist werden. Zentrale und unabhängige Institutionen können dies überwachen, um auch mögliche Wettbewerbsverzerrungen zu vermeiden. Dies erfordert Kooperation aller Beteiligten sowie Transparenz, was wieder davon abhängig ist, was wir Bewusstseinswandel nennen – privat und öffentlich.

Wie das Finanzministerium könnte ein Umweltministerium mit Vetorecht auf Projekte ausgestattet werden, um deren Nachhaltigkeit zu überprüfen und ökologisch sinnvolle Optimierungsvorschläge zu machen. Wie bei Ethikkommissionen sollte eine derartige Institution mit beratenden Wissenschaftlern aus verschiedenen Disziplinen besetzt werden. Es existieren bereits zahlreiche Ansätze und Studien und Institute dieser Art. Es käme auf eine Bündelung, Sichtbarmachung und mediale wie politische Wirksamkeit solcher Institutionen an.

8. Qualität (Nachhaltigkeit) bei Rohstoffgewinnung – Produktion – Distribution – Recycling

Qualität statt Quantität ist die Formel für alle Lebensbereiche. Das setzt voraus, dass klassisch-kulturelle Werte in qualitatives Denken übersetzt werden. Hierbei spielen zwei Faktoren die entscheidende Rolle: der Zeitfaktor und die psychisch-soziale Satisfaktion. Die Wirkung dieser Faktoren ist durch unzählige Studien wissenschaftlich nachgewiesen, es wird aber zu wenig umgesetzt. Langfristiges Denken erhöht Stabilität und Nachhaltigkeit, Stabilität erhöht die Satisfaktion und Leistungsbereitschaft, was wiederum ökonomische Vorteile bringt. Dies betrifft nicht nur die materiellen Produktionsbedingungen, sondern auch die sozialen. So können und müssen ältere Menschen in die ökonomischen wie sozialen Wertschöpfungsketten eingebunden werden, z. B. durch besondere und flexiblere Arbeitsverhältnisse. Der »Jugendwahn« ist sozialer wie ökonomischer Unsinn, und gerade an diesem Punkt gibt es viel von asiatischen Kulturen zu lernen. Umgekehrt muss aber auch Jugendlichen und jungen Erwachsenen mehr Mitsprache und Entscheidungskompetenz in politischen Prozessen übertragen werden (Senkung des aktiven und passiven Wahlalters, Besetzung von Kommissionen usw.). Erstens geht es um ihre Zukunft, zweitens werden wissenschaftliche und technologische Entdeckungen oft von Menschen in der dritten Lebensdekade gemacht.

9. Bildung und Motivation durch Gestaltung und Schönheit

Angst ist kein guter Ratgeber. Die Szenarien eines ökologischen Desasters sind real, aber die Fixierung auf Katastrophen bewirkt eher kognitive wie emotionale Lähmung. Es kommt vielmehr darauf an, die Herausforderungen zu einer kulturellen Erneuerung anzunehmen und mit Lust und Kreativität zu gestalten, d. h. die ästhetische Qualität individuellen wie gesellschaftlichen Handelns in den Blick zu nehmen. Alle Kulturen haben einen eigenen Sinn für Schönheit entwickelt, die Erkennbarkeit und Zugehörigkeit vermittelt. In Formgebungen, Ritualen, Erzähltraditionen usw. wird Schönheit kulturell deklamiert und vermittelt dem einzelnen Menschen Sinn und Heimat. Was aber ist »Schönheit«? Schönheit ist das Wiedererkennen von Mustern durch Ähnlichkeit, d. h. die Darstellung von Ordnung in der (scheinbar) chaotischen Zufälligkeit wechselnder Erscheinungen. Am Schönen Anteil zu haben, erfordert Muße und den Sinn für

Qualität. Sie liegt in den Übergängen von bewusster Gestaltung und nicht-bewusstem Geschehenlassen. Der Genuss von Schönheit – ob aktiv oder passiv – bewirkt Gelassenheit, Innehalten, Konzentration, kurz: Qualität statt Quantität. Schönheit verlangt eine gewisse Askese, ein Fasten der Sinne, damit das Besondere bzw. Einmalige umso mehr genossen werden kann, d.h., Schönheit ist ohne die Reduktion von Quantität nicht zu haben, und eine solche erneuerte Wahrnehmung kann durch gezieltes Bewusstseinstraining (Achtsamkeit, Meditation) eingeübt werden. Dies hat ökonomisch-ökologische Folgen: Nur wenn nachhaltiges Leben Freude macht bzw. Genuss bereitet, werden Menschen ihre Lebenspraxis darauf einstellen. Genau dies ist aber der Fall, wenn eine entsprechende Pädagogik die Aufmerksamkeit auf diese Zusammenhänge lenkt und erfahrbar macht. Nicht allein Warnungen oder das Ausmalen von Katastrophen für die Zukunft sind wirksam, sondern der Hinweis auf die kreative Freude bei der Gestaltung von Alternativen! Es geht um eine bewusst andere soziale Konstruktion von Wirklichkeit, denn es ist das Bewusstsein, welches das Handeln bestimmt.

10. Bildung in Einheit von Kognition und Emotion

Kognition und Emotion hängen eng miteinander zusammen, wie asiatische psychologisch-philosophische Bewusstseinsmodelle seit Jahrhunderten lehren. Die einseitige Entwicklung des Kognitiven, und die dem Zufall überlassene Ausbildung von Emotionen wird nicht der menschlichen Situation gerecht. Emotionstraining ist möglich, Empathie ist erlernbar, umgekehrt kann der konstruktive Umgang mit Impulsen wie Wut und Ärger ebenso erlernt werden. Studien am MP Institut für Kognitions- und Neurowissenschaften, Abteilung Soziale Neurowissenschaft (Leipzig) sowie die Studien am Lehrstuhl für Neuroökonomie (Universität Zürich) zeigen, dass hier pädagogische Möglichkeiten liegen, die z. B. an der Emory University in Atlanta (Center for Contemplative Science and Compassion-based Ethics) und am MIT Boston (Social Presencing Theater) bereits umgesetzt werden. Modellprojekte an Schulen können eingerichtet werden, um Erfahrungen in der schulischen Alltagspraxis zu machen. Auch dies sollte im Wettbewerb zwischen Modellschulen implementiert werden.

11. Bildung von langfristigem Zeitbewusstsein

Kurzfristiges Gewinndenken verzerrt die Beurteilung von Erfolg oder Misserfolg bei wirtschaftlichem (realwirtschaftlich wie finanzwirtschaftlich) und kulturellem Handeln. Die Spielräume für längerfristige Strategien sind auch unter heutigen Bedingungen vorhanden (Edzard Reuter). Medien und Internetplattformen sollen die langfristigen Wirkungen von einseitigem nicht-nachhaltigem Handeln offenlegen. Alle »alten Kulturen« haben Rituale entwickelt, die ein Bewusstsein von generationenübergreifenden Zusammenhängen wachhalten, im Falle der Totenrituale sind auch die Generationen der Verstorbenen einbezogen. Solches Bewusstsein kann heute in Europa kaum noch auf metaphysischer Grundlage vermittelt werden, wohl aber durch Einsicht in die ökologische Interdependenz komplexer Systeme. Langfristigkeit und Bewusstsein von Komplexität bedingen einander. Die mediale Vermittlung komplexer Zusammenhänge in der Evolution ist möglich, sie löst Staunen aus. Entsprechende Projekte in den Medien und Schulungsprogramme in Schulen, Hochschulen, Volkshochschulen sollen gefördert werden, auch hier in der Bildung und Ausbildung von Kognition und Emotion. Wissenschaftlich gestützte Darstellungen von Komplexität können zur Bescheidenheit und Relativierung der Möglichkeiten unserer Rationalität beitragen. Dabei wird die notwendige Gelassenheit bzw. Distanz sich selbst gegenüber gefördert. Auch hier wiederum spielt die Erziehung zu künstlerischem Gestalten eine wesentliche Rolle. Es muss viel mehr in das Bewusstsein der Bildungsinstitutionen wie der Öffentlichkeit treten, dass Kunst kein Luxus für wenige ist, die nach Marktgesetzen Rendite abwirft, sondern ein integraler Bestandteil der Erziehung zur Förderung von Nachhaltigkeit und Kreativität. In diesem Zusammenhang sei auf das Hofer Modell zur Musikerziehung[41] verwiesen, das in der wissenschaftlichen Evaluation signifikante Ergebnisse bei der Förderung kognitiver, emotionaler wie sozialer Kompetenz erbracht hat. Die Beispiele ließen sich fortsetzen, wie z.B. das Tanz-Projekt »Rhythm is it« der Berliner Philharmoniker (Simon Rattle) für Schüler aus sozialen Brennpunkten in Berlin. Ein Aspekt dieser Dimension von Bildung könnte ein neues Zusammenführen von sogenannter klassischer Kunst und Pop-Kultur[42] sein, denn die Trennung beider hat historisch-soziale Gründe in der europäischen Entwicklung, die weder verallgemeinerbar noch zukunftsfähig ist.

Diese drei Aspekte der Schönheit, der Einheit von Emotion und Kognition sowie der gezielten Übung eines langfristigen Zeitbewusstseins durch Zeiterfahrung, die Qualität,

---

[41] E. Pöppel/L. Welker/E. Gutyrchik/Th. Meindl/P. Carl, *Ein anderer Ton – Das Hofer Modell. Neue Erkenntnisse der Hirnforschung – Musische Ausbildung, kognitive Funktionen und die Neurobiologie der Emotionswahrnehmung*, Humanwissenschaftliches Zentrum, LMU München, 2007: »Die Untersuchung zeigte, dass das Erlernen eines Instruments und gemeinsames Musizieren Voraussetzungen schaffen können, damit junge Leute zu geistig und emotional ausgereiften Menschen heranwachsen. Es lassen sich Transfer-Effekte ableiten, die dem Schul- und Erziehungssystem neue Impulse geben sollen.« Die Zahl ähnlicher Studien mit ähnlichen Ergebnissen ist kaum noch überschaubar.
[42] Ansätze dafür gibt es allenthalben in der Malerei, der Performance-Kunst, im Film und allgemein der Event-Kultur, für Literatur, Theater und Musik ist es eine Frage der Ansprüche und diesbezügliche kreative Impulse sollten durch Bildungsinstitutionen massiv gefördert werden.

statt bloße Quantität beinhaltet, sind Einübungen in *spirituelle Praxis*. Spiritualität ist die gezielte Formung des Bewusstseins durch sich selbst. Diese ist möglich durch die verschiedenen Übungsformen der Meditation. Sie gipfelt in der Erfahrung der Einheit der Wirklichkeit, wobei das abgespaltene Ich-Bewusstsein bzw. das »Ego« überwunden wird. Das Ich ist zwar ein integrierter Bestandteil des Bewusstseins, der für das Überleben des Individuums notwendig ist, aber bei weitem nicht die einzige und alles bestimmende Größe. Es wird vom Bewusstseinsstrom projiziert, spiegelt aber – wie alle Bewusstseins-Konstruktionen – nicht die Wirklichkeit wider, »wie sie ist«. Das Gewahrwerden einer tiefen Verbundenheit allen Lebens drückt fundamentale Potentiale des Bewusstseins aus. Es befreit von Angst. Die Überwindung von Angst vermindert nicht nur Aggressivität, sondern setzt den Mut zur Kreativität frei. Diese Potenziale zu wecken und zu fördern, ist die Aufgabe der spirituellen Bildung. Sie ist eine wichtige Voraussetzung dafür, dass die hier genannten Transformationsprozesse gelingen können.

VIII Fazit

Wann und unter welchen Bedingungen sind Ideen, die zunächst nur von ganz wenigen Menschen erdacht und propagiert wurden, bahnbrechend für die Umgestaltung von Lebensbedingungen ganzer Gesellschaften geworden? Aus den kultur- bzw. religionsgeschichtlichen Umbrüchen der letzten Jahrtausende (Entstehung und schnelle Ausbreitung von Buddhismus, Christentum, Islam, in der Neuzeit Renaissance im 15./16. Jh., Reformation im 16. Jh., Aufklärung im 18. Jh. und Marxismus im 19./20. Jh.) lassen sich vier Faktoren benennen:

- Wenn sie die passgenaue *Antwort auf Sehnsüchte* repräsentieren, die latent oder ausgesprochen vorhanden waren auf Grund von Lebens- und Leidensbedingungen vieler in den jeweiligen Gesellschaften.
- Wenn das *Charisma* Einzelner die Massen begeistern konnte.
- Wenn die vorhandenen *Kommunikationsmittel* genutzt oder durch effizientere ergänzt wurden.
- Wenn eine *Förderung* mit Ressourcen durch die jeweiligen Eliten gegeben war.

In der Evolution des biologischen und kulturellen Lebens ist eine neue Situation eingetreten: Die Menschheit kann durch ihr Handeln die eigenen Lebensbedingungen zerstören (Anthropozän). Dem Schwund der biologischen Arten entspricht ein Schwund an kultureller Vielfalt. Beides ist für das Leben nicht förderlich. Anders als in der Vergangenheit kann aber die heutige Menschheit durch Wissen und kognitive wie emotionale Selbstgestaltung den zerstörerischen Kräften Einhalt gebieten, denn noch nie hat es so viel quantitatives und qualitatives Wissen aus einem interkulturellen Erfahrungsschatz über das Bewusstsein und die Bewusstseinssteuerung des Menschen gegeben, das fruchtbar gemacht werden kann. *Nicht nur die Möglichkeiten der Technik, sondern die Weisheit im sozialen Verhalten des Menschen entscheiden über die Zukunft.* Eine Umorientierung zu mehr Lebensqualität statt quantitativem Wachstum ist möglich! Die Kulturen, besonders auch die Religionen, können Ressourcen dafür bereitstellen, die in kreativen Aneignungsprozessen wirksam werden. Allerdings ist diese Aufgabe eines fundamentalen Kulturwandels eine beispiellose Herausforderung für die »eine Menschheitsfamilie und Gemeinschaft der Erdenbewohner mit einem gemeinsamen Schicksal«.[43]

---

[43] The Earth Charter, Preamble.

Nachbemerkung

Die obigen Erörterungen sind einerseits das Resultat religionswissenschaftlicher Analysen, andererseits das Ergebnis zahlloser Gespräche mit Kolleginnen und Kollegen aus den Disziplinen der Neurowissenschaften, der Mathematik, der Physik, der Biologie, der Chronobiologie, der Soziologie, der Psychologie, der Philosophie, der Germanistik, der Rechtswissenschaften, die ich am Humanwissenschaftlichen Zentrum (HWZ) der Ludwig-Maximilians-Universität München über mehr als zwei Jahrzehnte hinweg führen konnte, und mit Vertretern der an Ökologie orientierten Disziplinen sowie der Wirtschaftswissenschaften, die sich seit ca. 3 Jahren um die Gründung der University for Life and Peace in Yangon/Myanmar bemühen, deren Schwerpunkt das Studium der Möglichkeiten einer ökologischen Erneuerung ist. Diese Kolleginnen und Kollegen kommen von der Yale University, der Peking University, der ETH in Zürich, der LMU in München, der Universität von Manila, der Methodist University in Dallas, verschiedenen Universitäten in Taiwan usw. Beide Institutionen sind in je eigener Weise internationale und interdisziplinäre Thinktanks, wie man sie sich produktiver kaum vorstellen kann. Ihnen allen bin ich dankbar für die unzähligen Anregungen und Einsichten, die ich empfangen habe.